智能物流：
机器人技术的未来

李玉满　刘桂英　付小敏　◇著

中国商业出版社

图书在版编目（CIP）数据

智能物流：机器人技术的未来 / 李玉满，刘桂英，付小敏著. -- 北京：中国商业出版社，2024.9.
ISBN 978-7-5208-3036-2

Ⅰ．F252.1-39

中国国家版本馆 CIP 数据核字第 2024UJ5342 号

责任编辑：王 彦

中国商业出版社出版发行

（www.zgsycb.com 100053 北京广安门内报国寺 1 号）
总编室：010-63180647 编辑室：010-63033100
发行部：010-83120835 / 8286
新华书店经销
廊坊市博林印务有限公司印刷

*

710 毫米 ×1000 毫米 16 开 13 印张 220 千字
2024 年 9 月第 1 版 2024 年 9 月第 1 次印刷
定价：58.00 元

* * * *

（如有印装质量问题可更换）

作者简介

李玉满，男，现就职于共青科技职业学院，副教授。毕业于泰国博仁大学管理学专业，博士研究生学历。江西省教学名师，机械安全能力测评竞赛专家，国家制造信息化培训中心教材编写委员会委员。获得2023年教学能力比赛国赛二等奖、省赛一等奖，主持省级教改重点项目与科研项目3项、省级课程思政示范课1门。

刘桂英，女，现就职于共青科技职业学院，高职副教授。毕业于江西师范大学电子信息工程专业，本科学历，主要研究方向电子信息技术与物联网技术。先后在《电子器件》《数据》《湖北农机化》等期刊上发表多篇论文，申请多项实用新型专利及软件著作。

付小敏，男，现就职于共青科技职业学院，高级工程师。毕业于哈尔滨工程大学控制理论与控制工程专业，硕士研究生学历，主要研究方向为机器人工程和人工智能。先后发表论文7篇，申请专利34项，获江西省科学技术进步二等奖1项，主导制定国际标准1项。

前言

在当今全球化和信息化时代，物流行业正经历着前所未有的变革与创新。智能物流作为这一变革的核心，正在通过机器人技术的迅速发展，改变着物资流通的效率与模式。《智能物流：机器人技术的未来》一书，致力于全面探讨这一新兴领域，从概念定义到技术创新，从行业应用到未来趋势，提供了一幅全景式的智能物流蓝图。

物流机器人的应用，涵盖了移动、拣选、装卸、包装等各个环节，极大地提升了物流作业的自动化水平和精确度。核心技术如导航定位、机器视觉、人工智能与机器学习等，为物流机器人的智能化提供了坚实的技术支持。智能物流系统的集成方式与运作模式，则进一步推动了物流中心和仓库的高效管理与运作。

本书不仅分析了智能物流在电子商务、制药与医疗、食品与饮料等行业中的广泛应用，还详细探讨了机器人与人类协同工作的前景与挑战。通过亚马逊、阿里巴巴等企业的成功案例，我们看到了智能物流在实际运营中的卓越成效。

智能物流的未来充满了机遇与挑战。技术的发展、安全与伦理考量、法规与标准的制定，都是需要我们深入思考的问题。全球视角下的国际合作与竞争，也将决定智能物流在未来全球市场中的地位与影响力。无论你是行业决策者、研究人员，还是对技术充满热情的爱好者，这本书都将为你提供宝贵的洞察与参考。让我们一起探索智能物流的未来，共同迎接机器人技术带来的崭新变革。

目 录

第一章　智能物流的兴起 /1
　　概念定义与背景介绍 /1
　　从传统物流到智能物流的演变 /8

第二章　物流机器人的分类与功能 /19
　　移动机器人 /19
　　拣选与装卸机器人 /27
　　包装机器人 /33

第三章　核心技术与创新 /38
　　导航与定位技术 /38
　　机器视觉与感知系统 /43
　　人工智能与机器学习在物流中的应用 /51

第四章　系统集成与运作模式 /60
　　自动化仓库构成 /60
　　机器人与信息系统的整合 /66
　　物流中心的自动化运作流程 /71

第五章　智能物流在特定行业中的应用 /82
　　电子商务 /82
　　制药与医疗行业 /86

第六章　机器人与人类的协同工作 /102
　　协作机器人（Cobots）的兴起 /102
　　人机界面与交互技术 /109
　　工作场所的变革与调整 /117

第七章　挑战与解决方案 /133
　　技术挑战与研究方向 /133
　　安全问题与伦理考量 /137
　　法规、标准与行业指导 /142

第八章　案例研究：成功实施智能物流的企业 /152
　　亚马逊的自动化仓库 /152
　　阿里巴巴的智能配送网络 /154
　　FedEx 与 UPS 的技术创新 /158

第九章　未来趋势与技术预测 /160
　　未来技术的发展方向 /160
　　物流机器人的新一代 /164
　　可持续性与环境影响考量 /173

第十章　全球视角：智能物流的国际合作与竞争 /184
　　全球市场动态分析 /184
　　国际合作与标准制定 /190

参考文献 /197

后记 /199

第一章 智能物流的兴起

物流作为现代经济的重要支柱,贯穿供应链的每一个环节,其效率和精确度直接影响企业的运营效果和市场竞争力。随着科技的进步和市场需求的变化,物流行业正在经历一场深刻的变革——从传统物流向智能物流的转型。智能物流不仅是物流系统的自动化升级,更是通过机器人技术、人工智能、大数据等前沿技术的融合,实现物流全过程的智能化管理与运作。

在本章我们将首先对智能物流的概念进行详细定义,介绍其背景与发展历程。从传统物流到智能物流的演变过程中,行业内外的技术革新、管理模式的创新、市场需求的变化,都是推动这一转型的重要力量。本章将带领读者回顾物流行业的发展轨迹,了解智能物流兴起的必然性和重要性,为后续章节的深入探讨奠定基础。

概念定义与背景介绍

智能物流的兴起,源于多方面因素的共同推动。全球化和电子商务的迅猛发展,对物流效率和精确度提出了更高的要求。传统物流模式依赖于人工操作和经验管理,已难以满足现代市场对快速响应、精确配送和成本控制的需求。

科技的飞速进步为智能物流的实现提供了技术基础。近年来,机器人技术、人工智能、大数据、物联网等领域取得了显著突破,为物流系统的智能化改革提供了强大支撑。移动机器人可以在仓库中自主导航和搬运货物;机器视觉技术可以用于物品的自动识别和分类;人工智能算法可以优化物流路径和仓储布局;物联网技术可以实现物流设备和系统的互联互通和实时监控。

市场竞争的加剧也推动了企业对智能物流的投入和应用。为了在激烈的市场竞争中脱颖而出,企业纷纷加快物流系统的智能化升级,提升物流效率和客户满意度。亚马逊和阿里巴巴等电商巨头,率先在其物流体系中引入大量机器人和智能设备，实现了物流过程的高度自动化和智能化，极大提升了物流效率和服务质量。

政策和法规的支持也为智能物流的发展提供了有力保障。各国政府纷纷出台政策和法规，支持和鼓励智能物流技术的研发和应用。政府发布了智能物流发展战略规划，明确提出要大力发展智能物流技术，推动物流业转型升级。

智能物流的兴起，是技术进步、市场需求和政策支持等多方面因素共同作用的结果。通过对智能物流概念的定义和背景的介绍，我们可以更清晰地认识到智能物流的重要性和必然性，为进一步探讨其具体应用和发展趋势奠定基础。

一、智能物流的概念定义

智能物流是指货物从供应者向需求者的智能移动过程，包括智能仓储、智能配送、智能运输、智能包装、智能装卸以及信息的智能获取、加工和处理六项基本活动。其目的是使供方所得的利润最大、需方享受的服务最佳，同时实现自然和社会资源消耗最少、生态环境保护程度最大，而形成的完备的智能社会物流管理体系。

"智"是核心，首先，体现为"知人之智"和"自知之明"，即对整个物品流动过程中的各方需求、物品当前运输及仓储状况和物流主体各环节的能力及执行水平等诸多方面的感知。其次，也体现在"运筹帷幄"，即对整个物流过程的各项决策进行优化以及高效及时地解决过程中出现的突发问题等，即"智"体现在全面、实时感知的高度信息化和超强超快的高效决策力上。

"能"是关键，有了"智"的信息基础和决策支持，问题的关键就落在了执行力上。"能"主要指的是自动化，体现在使各种设施的执行能力与高效快捷的决策相匹配。

"物"是前提。物品在时间和空间中的变动是物流存在的前提，物品出现了问题，"流"也就失去了自身的意义。随着交通工具越来越快捷，人们对物流的关注也开始从传统的"快"转移到对物品数量和质量的保障上。"物"主要体现在仓储和运输过程中对物品的保护上，需要高效的仓储管理和先进的冷链技术等提供支持。"流"是实现物流最直观的表现，也就是物品的流动，这也是物流最核心的环节。在新的时代背景下，"流"除了传统概念快和准的要求，又多了一个"狠"字，即减少对自然资源和社会资源的消耗，最大限度保护生态环境。"狠"是成本压力下企业的自主选择，也是低碳环保大环境下企业的义务和使命，更是"流"鲜明的时代特征。这需要先进的调度系统、节能的作业机器及运输工具等"智""能"技术提供必要保障。

"智能物流"一词中，物流是本体，智能是本质属性。智能是手段而非目的，所以智能不是结果，而是一个过程。另外，作为本体的物流，不仅包括物流工程等与技术相关的内容，同时包括物流管理等关乎管理的方面。所以，不能将智能物流简单地看作技术引进。在提高技术硬实力的同时，尤其要注重管理软实力的提高。在智能物流中，技术与管理的相互作用有一个过程，即技术与管理结合、技术与管理融合、技术与管理综合集成。

在管理方面，尤其要注意商业模式、组织结构等的调整与创新。没有这些关键支撑，技术很难落到实处。智能物流的实现手段包括服务主体组织化、服务手段科技化、利益分配市场化、要素配置高效化等。智能物流的基本发展模式有三个：一是处于供应链核心地位的企业将整条供应链一体化发展企业物流系统；二是优化物流资源配置，理顺城市物流渠道，发展社会物流系统；三是物流企业依靠核心物流能力，开拓增值物流业务或服务范围，发展综合物流系统。

二、智能物流发展支撑体系

智能物流发展支撑体系是指为智能物流发展提供各方面要素支撑，以使智能物流的技术与管理完美融合，微观主体、行业、区域、国家等各个层面健康发展。各功能领域搭配合理，运作协调，供需双方互利共赢，社会、经济效益最大化。支撑体系各子领域相互补足，为智能物流提供必要的发展条件，保障智能物流的发展能够顺利地找位、定位、到位。

我国智能物流发展离不开必要的支撑，而支撑体系又是多方面的。一方面，国家组织专家学者结合本国经济发展状况，探求智能物流发展前景，找出其发展方向。通过规划等形式提供相关信息，通过法律政策等形式提供必要引导和支撑，区域及行业协会进而根据规划等相关信息选取适合自身特点的相关领域进行定位，并进行相关引导。智能物流的微观主体则结合相关引导和自身特色利用各项有力支撑进行发展，进而自上而下地将支撑落实到位。另一方面，智能物流微观主体通过自身的行业洞察力寻找利于自身发展的方向和时机，向相关部门寻求必要的支撑和帮助。在自身不断发展的过程中逐步将这些支撑具体化，区域或行业协会及国家根据微观主体发展的具体要求对相关支撑进行定位，并逐步进行微调，直至改进到最优，进而实现自下而上的支撑制定到位。

三、智能物流的结构与特征

智能物流的定义中明确指出，它是一个社会物流管理体系，故而可以从相应角度对其进行解构，进而能够更全面、更清晰地认识智能物流。

（一）层次结构

智能物流按照服务对象和服务范围划分，可以分为企业智能物流、区域智能物流／智能物流行业、国家智能物流三个层次。其中，国家智能物流这一宏观层面表现为对整个行业的相关规划、对区域发展的相应部署，并打造一体化的智能交通系统和物流信息服务平台。作为智能物流的支持平台，中观层面的智能物流行业及区域智能物流主要是进行智能物流行业及区域智能物流中心建设等工作，引导行业和区域健康快速发展，为之提供预警和协调机制。微观层面则表现为物流企业和企业物流借助宏观和中观层面提供的政策及其他相关支持，通过自身努力实现向智能物流的升级。

国家层面智能物流建设的重点是加强统筹规划、立足协调整合，注重重点突破。中观层面智能物流行业建设的基本任务是调整产业结构，实现行业的全面转变；加强行业内分工，充分发挥专长和比较优势，通过示范带头、优势互补等机制实现行业的快速发展；谋求产业联动发展模式，实现行业的持续发展。中观层面区域智能物流建设的基本任务是结合区域自身特点，制定相应的发展规划，充分利用自身的区位、资源及经济优势，为区域智能物流发展提供必要的支撑，推动其又好又快发展。微观层面企业智能物流的建设表现为物流企业及企业物流通过推广信息技术、智能技术和物联网技术，引入相关管理理念，发展企业智能物流。

三个层面在智能物流的发展中扮演不同的角色：宏观层面提供方向指导和整体部署；中观层面进行进一步分工和微调；微观层面负责实施和完成规划，将发展落到实处。这样就形成了一个找位、定位、到位的自上而下的"三位一体"发展模式，同时产生了一条找位、定位、到位的自下而上的"三位一体"政策制定回路。弄清三者之间的辩证关系，充分发挥三者的不同作用，才能使智能物流做强做大，使智能物流持续健康快速发展。

（二）功能结构

智能物流包括智能仓储、智能运输、智能配送、智能装卸、智能包装以及信息智能处理等模块，这些功能模块是智能物流的重要组成部分。

智能运输即集成各种运输方式，应用车辆识别技术、定位技术、信息技术、移动通信与网络技术等高新技术，实现交通管理、车辆控制、营运货车管理、电子收费、紧急救援等功能，降低货物运输成本，缩短货物送达时间。

智能仓储在现有仓储管理作业环节中，进行货品数量、位置等信息的实时自动采集，并通过信息交互在操作现场提供下一步的操作指示和执行情况校验，实现快速货物入库、货物准确出库、库存盘点、货物库区转移、货物数量调整、实时信息显示、温度监测与报警。

智能配送就是集成全球定位系统（GPS）、地理信息系统（GIS）、路径优化模型、多目标决策等技术，借助高精度数字地图，把配送订单科学地分配给可用的车辆，生成装车单和派车作业单，实现配送订单信息的电子化、配送决策的智能化、配送路线的实时显示、配送车辆的导航跟踪和空间配送信息的查询显示，协同仓库部门一起完成配送任务。

智能包装就是能够反映包装对象物品特性和内在品质以及对象物品在运输、仓储、销售等流程相关信息的包装过程。包括在包装上加贴标签，如条形码、电子标签等，应用微生物和化学等技术，记录包装物品在运输、仓储、销售等整个商品生命周期内物品质量的变化。借助电子技术、信息技术和通信技术等手段，采集和管理包装商品的生产及销售分布等相关信息。

智能装卸就是在一定区域内借助无人搬运车（AGV）、传送设备、智能穿梭车、通信设备、监控系统和计算机控制系统等技术，改变物品空间位置和存放状态的相关活动。智能装卸是一个包括装卸、上下传送、移动、分拣、堆垛、出入库等作业活动的立体化、动态化过程。

智能信息处理包括信息感知、信息传输、信息存储和信息处理等。智能信息处理通过自动数据识别和数据采集技术，快速准确地进行海量数据的自动采集和输入，进而通过电子数据交换和网络技术实现物流信息集成和整合。通过数据库的整理、加工和分析，为物流作业的运作及相关决策的制定提供信息基础和经验借鉴，以保障物流作业合理和高效运作。

六大功能模块可以按照智能感知、智能决策和智能执行三大模块进行归类。其中，智能信息处理属于智能感知模块；智能配送和智能仓储属于智能决策模块；智能运输、智能包装和智能装卸属于智能执行模块。三大模块可以抽象为哲学中的感性认识、理性认识和实践三个范畴。这样可以更深刻地理解三者之间的辩证关系，进而更明晰六大功能模块间的关系。六大功能模块紧密联系、相互衔接，只有充分发挥相互间的协同作用，才能实现真正的智能物流。

（三）系统结构

智能物流的系统结构是指由需求系统、供给系统和支撑系统三者构成的体系。其中，需求系统是基本推动力，供给系统是重要拉动力，支撑系统是必不可少的协调力。

需求系统包括对量和质的需求。对量的需求是指组织和个人对物流需求的绝对量。政府对"三农"问题的逐步重视，使农业物流需求量迅速增加；工业化进程的加快，使生产物流需求量迅猛攀升；人们生活水平的提高，使商贸物流需求量爆炸式增长。巨大的需求量对传统物流构成了挑战，其中，部分需求已成为对智能物流的需求，其他的部分也将转化为对智能物流的需求。对质的需求是指对物流服务质量的要求。农业物流需要冷链保鲜和快速运输保障品质；工业物流需要快捷准时保障生产；商贸物流则需要速度快、货品好保障客户满意度。满足这些各有侧重、多样化的服务需求，需要智能物流予以保障。对质的需求也是对智能物流的需求。

供给系统涵盖文中论述过的三个层次的智能物流主体以及主体内不同的功能模块。供给系统在宏观层面上包括交通运输设施、公共信息服务平台等，其中交通运输设施隶属于功能结构中的智能运输模块，公共信息服务平台隶属于功能结构中的智能信息处理模块。在中观层面上包括行业协会、物流园区等，其中行业协会作为中观主体，对供给系统中供给量的调节和微观主体的引导发挥重要作用，而物流园区以仓储中心、配送基地、调度中心、物流商务指挥中心等不同表现形式，在区域内的智能仓储、智能配送、智能信息处理等模块中扮演重要角色。在微观层面上包括企业物流、物流企业等，它们是供给系统的核心和根本动力，对物流的供给表现为完成物流作业和提供相关物流服务。

支撑系统为智能物流发展提供政策、技术、资本、人力资源、管理理念等支撑，保障智能物流又好又快发展。我国社会物流、企业物流和物流企业技术实力薄弱，硬件设施不足，中小企业融资难的问题普遍存在，物流人才供给量不足、结构不合理，物流理念落后，物流企业管理水平不高，这些问题严重制约着我国智能物流的发展。必须通过支撑系统予以解决。此外，支撑系统还发挥着对需求系统和供给系统进行引导和协调的重要作用。

（四）科技特征

促进资源整合、物流活动协调统一。物流全过程以现代信息技术为核心，而标准化、信息化和智能化是智能物流显著的科技特征。优化是智能物流的本质特征。

物流标准化就是从整体出发，制定物流系统各子系统的专用工具、设备、设施等方面的技术标准，制定各子领域如包装、装卸、运输等方面的工作标准及服务规范。标准化不仅是现代物流技术的一个显著特征和发展趋势，也是智能物流实现的根本保证。只有实现了物流系统各个环节的标准化，才能真正实现物流技术的信息化、自动化、网络化和智能化。

物流信息化表现在利用先进的感知技术采集信息，通过便捷的有线/无线网络技术传输信息，借助强大的数据库及数据挖掘技术存储和处理信息。信息化是物流智能化的基础，推动一系列科学技术在智能物流中的应用。

物流智能化是现代物流发展的前进方向，贯穿物流全过程中的各项活动，是智能物流的显著特征。智能化是信息化引入神经网络、人工智能（AI）等技术后向更高层次地发展，也是物流一体化的核心。智能技术可将物流系统中运输、存储、包装、装卸、搬运、流通加工和物流信息处理等环节集合成一体化系统，以最低的成本向客户提供最满意的物流服务。

智能物流的科技特征具有不同的内涵，在关键要素、主要特征、关键技术、拟解决的核心问题等方面有显著区别。具体表述如表1所示。

表1 智能物流科技特征的主要内容

智能物流科技特征	关键要素	主要特征	关键技术	拟解决的核心问题
标准化	技术标准 管理标准 服务标准	规范物流系统各个环节	条码技术信息技术标准/协议 操作量化技术	制定标准
信息化	信息传输 信息存储 信息处理	实现物流的可视化	EDI WLAN GPS 数据库技术 GIS ZigBee	信息共享
智能化	智能感知 智能处理 智能决策	优化方案与决策	RFID VRP Agent 人工智能 DSS 专家系统	智能决策

智能物流作为现代物流发展的前沿方向，展现出系统性、层次性、功能性和科技性的多维特征。通过国家层面的宏观规划、行业和区域层面的中观调控以及企业层面的微观实施，形成了自上而下的发展模式和自下而上的政策制定回路。智能仓储、智能运输、智能配送、智能装卸、智能包装和智能信息处理六大模块，结合智能感知、智能决策和智能执行，构建了紧密联系的综合体系。需求系统、供给系统和支撑系统相辅相成，共同推动智能物流健康快速发展。标准化、信息化和智能化的科技特征通过先进技术和优化策略，不断提升智能物流的整体效率和服务水平。通过各层面和各模块的协同作用，智能物流正迈向更高效、更智能、更集成的发展方向，推动物流行业的持续创新和升级。

从传统物流到智能物流的演变

一、传统物流的特征与局限

传统物流是指以人工操作为主的物流管理模式，依赖于大量的人力资源和机械设备，通过经验和简单的计算进行物流活动的规划与执行。传统物流的特征主要包括以下内容。

（一）人工操作

在传统物流体系中，仓储、运输、配送等环节主要依靠人力完成。具体表现如下：

1. 仓储环节

物品的接收、存放、盘点和提取等操作，大多数由仓库工人手工完成。这种方式不仅效率低下，而且容易出现差错，如漏单、错单、丢失物品等。

2. 运输环节

货物的装卸、搬运以及运输过程中的监控，主要依赖司机和搬运工人的手工操作。这种方式不仅劳动强度大，而且运输过程中的实时监控和管理能力不足，容易出现延误、损坏等问题。

3. 配送环节

配送员手工分拣和配送货物，缺乏系统化的路径规划和优化，导致配送效率低、耗时长。

由于过度依赖人力操作，传统物流在处理大量订单时，难以保证高效性和准确性，劳动成本高，工作效率低，错漏率高，客户满意度难以提升。

（二）机械化设备

虽然传统物流体系中引入了一些机械化设备，如叉车、输送带等，但这些设备多为独立运作，缺乏系统集成和智能化控制，具体表现在以下几方面。

1. 独立运作

各类机械设备各自为政，难以形成协同效应。仓库中的叉车和输送带各自独立操作，缺乏统一调度和控制，导致物品在不同环节之间的流转效率低。

2. 智能化控制不足

这些机械设备大多依赖人工操作和简单的机械控制，无法实现智能化的调度和管理，难以应对复杂多变的物流需求。叉车的路径规划和调度仍需人工决策，难以实现最优路径和高效操作。

机械化设备虽然在一定程度上提高了单个环节的效率，但由于缺乏系统集成和智能化控制，整体物流效率提升有限。

（三）经验管理

传统物流的管理和运营高度依赖管理人员的经验，存在诸多局限性。

1. 缺乏科学优化

管理人员的决策主要依靠经验和直觉，缺乏科学的数据分析和优化手段。仓库布局、库存管理、运输路线等决策往往凭借经验判断，难以实现最佳配置和最优路径。

2. 应变能力不足

依赖经验的管理方式，面对突发情况和变化时应变能力较弱。面对订单量激增、运输路线受阻等突发情况时，管理人员难以迅速调整和优化物流方案，导致效率下降和客户满意度降低。

3. 管理效果不稳定

经验管理的效果高度依赖于管理人员的个人能力和经验水平，难以标准化和复制，管理效果不稳定。不同管理人员的决策风格和经验水平不同，导致同一物流系统在不同时间段的表现差异较大。

经验管理虽然在一定程度上积累了实践智慧，但缺乏科学的优化手段和标准化的管理体系，难以保证稳定、高效的物流运营。

（四）信息化水平低

传统物流的信息化程度较低，信息传递速度慢且准确性不高，具体表现在以下几方面：

1. 信息采集和传递滞后

物流过程中的信息主要依靠手工录入和传递，信息采集和传递速度慢，容易出错。货物入库、出库等信息需要人工记录和传递，信息更新不及时，导致库存信息不准确。

2. 缺乏实时监控

物流各环节缺乏实时监控和数据采集手段，难以及时了解和调整物流状态。运输过程中的车辆位置、货物状态等信息难以实时监控，管理人员难以及时调整和优化运输方案。

3. 数据分析能力不足

缺乏有效的数据采集和存储手段，导致数据量不足，无法进行深度分析和挖掘，难以为物流决策提供科学依据。缺乏对历史订单数据、运输数据等的分析和挖掘，难以发现物流过程中的瓶颈和优化空间。

低信息化水平导致传统物流在信息采集、传递、监控和分析方面存在明显不足，难以实现高效、精准的物流管理。

传统物流依赖人工操作、机械化设备独立运作、经验管理和低信息化水平，存在效率低、成本高、应变能力不足和管理效果不稳定等局限性。随着市场需求的变化和技术的发展，这些局限性越来越难以满足现代物流的高效、精准和灵活要求。正因如此，传统物流逐渐向智能物流转变，通过引入先进技术和管理理念，实现物流全过程的智能化管理与优化。

二、智能物流的兴起与发展

智能物流是指通过应用机器人技术、人工智能、大数据、物联网等前沿技术，实现物流全过程的智能化管理与优化。智能物流的兴起与以下几个因素密切相关。

（一）市场需求变化

随着全球化和电子商务的发展，市场对物流的需求发生了显著变化，对物流的速度、准确性和服务质量提出了更高的要求：

1. 全球化

全球化的商业模式需要高效的跨国物流支持，以应对跨境运输和国际贸易中的复杂流程。具体要求包括处理不同国家的法律法规、关税政策和物流网络，同时确保货物在运输过程中的安全性和准时性。这意味着物流系统必须具备高度的协调能力和灵活性，以应对各种突发情况和挑战，从而确保货物能够安全、准时地到达全球各地。这对于企业来说，不仅可以提升运营效率和客户满意度，还能增强在全球市场中的竞争力。

2. 电子商务

电子商务的迅猛发展，尤其是亚马逊、阿里巴巴等大型电商平台的崛起，使物流需求量急剧增加。消费者期望快速的配送服务，如次日达、当日达等，这对物流系统的速度和准确性提出了极高的要求。物流系统必须具备快速响应、精准分拣、高效配送的能力，以满足消费者对快捷和可靠服务的期望。这种需求推动了物流技术的创新和升级，它包括自动化仓储、智能分拣和实时跟踪等技术的广泛应用。

3. 服务质量

现代消费者对物流服务质量的期望不断提升，不仅要求物流速度快，还要求物流过程透明可追踪、货物安全无损坏、配送服务体验良好。这些需求促使物流企业不断优化服务，通过实施实时跟踪系统、加强货物保护措施、提升配送服务水平等方式，提高客户满意度。这种优化不仅增强了客户信任和忠诚度，还为企业在竞争激烈的市场中获得的优势提供了保障。

（二）技术进步

机器人技术、人工智能、大数据、物联网等技术的快速发展，为智能物流的实现提供了坚实的技术基础。

1. 机器人技术

机器人技术，如仓储机器人和搬运机器人，在仓库中的广泛应用显著提高了物品存取的自动化水平。它们能够高效、精准地执行存取任务，减少了人工操作的错误和时间成本。这种自动化不仅提升了仓库的运作效率，还降低了劳动力成本，增强了整体物流系统的可靠性和精确度。

2. 人工智能

人工智能技术在物流中的应用，包括路径优化、需求预测、库存管理等，通过数据分析和算法优化，提高了物流效率和准确性。AI算法可以优化配送路线，减少运输时间和成本；通过需求预测，企业可以更准确地安排库存，避免库存过多或不足；在库存管理中，AI算法可以优化存储和提取流程，提高仓库运作效率。这些应用帮助物流企业更好地满足市场需求，提升服务质量。

3. 大数据

大数据技术使物流企业能够处理和分析大量物流数据，实时监控物流过程，预测需求变化，优化资源配置。通过分析历史数据和实时数据，企业可以更准确地预测需求，优化库存管理和运输策略，从而提高效率、降低成本，并更好地满足客户需求。这种数据驱动的决策方式显著提升了物流系统的响应能力和整体效能。

4. 物联网

物联网技术通过传感器和RFID技术，实现对物流过程中货物和设备的实时监控和管理。通过物联网技术，可以实时监控货物的温度、湿度、位置等信息，确保货物在运输过程中的安全和质量。这种实时监控能力提高了物流管理的透明度和精确度，帮助物流企业及时发现和解决问题，保障货物的完整性和客户满意度。

（三）成本压力

市场竞争的加剧，迫使企业不断优化物流系统，以降低成本、提高效率。

1. 降低运输成本

智能物流通过优化运输路线、提高装载效率、减少空载率等措施，有效降低运输成本。通过路径优化算法，可以减少不必要的行驶距离，节省燃油和人力成本。

2. 提高仓储效率

智能仓储系统通过自动化设备和智能管理，提高仓储效率，减少货物存取时间和人工成本。自动化仓库中的机器人可以快速、准确地完成货物的存取任务，大大提高仓库的运转效率。

3. 减少损耗和损失

通过智能监控和管理技术，物流企业可以减少货物在运输和存储过程中的损耗和损失。通过温度监控系统，可以确保易腐货物在运输过程中的质量，减少因温度不当导致的货物损坏。

（四）政策支持

各国政府纷纷出台政策，支持和鼓励智能物流技术的研发和应用。

1. 政策引导

政府出台一系列政策和法规，鼓励企业采用先进的智能物流技术，推动物流行业的智能化转型。中国政府发布的《智能物流发展规划》明确提出要大力发展智能物流技术，促进物流业的转型升级。

2. 资金支持

政府通过提供资金支持和税收优惠，鼓励企业进行智能物流技术的研发和应用。政府可以设立专项资金，支持物流企业购买智能设备、研发智能物流系统等。这些措施帮助企业降低初期投入成本，加速技术创新和应用推广，从而提升物流行业的整体效率和竞争力。

3. 标准制定

政府通过制定相关标准，规范智能物流技术的应用，确保物流系统的兼容性和可操作性。制定智能仓储、智能运输、智能配送等方面的技术标准，确保不同系统之间的互联互通和协同工作。

智能物流的兴起和发展，是市场需求变化、技术进步、成本压力和政策支持等多重因素共同作用的结果。市场需求的变化推动了物流系统的智能化升级，技术进步为智能物流的实现提供了坚实的基础，成本压力迫使企业不断优化物流系统，而政策支持则为智能物流的发展提供了重要保障。通过智能物流技术的应用，物流企业能够实现全过程的智能化管理与优化，提高物流效率、降低成本、提升服务质量，从而在激烈的市场竞争中脱颖而出。

三、智能物流的核心特征

智能物流的核心特征包括智能感知、智能决策和智能执行三个方面。

（一）智能感知

智能感知是智能物流的基础，通过利用先进的感知技术，实现对物流状态的全面、实时感知。

1. RFID技术

射频识别技术（RFID）通过无线电波传输数据，实现对货物的自动识别和跟踪。RFID标签可以附着在货物上，读取器在货物经过时自动读取标签信息，记录货物的位置、状态等信息。这种技术大大提高了物流信息的采集速度和准确性，减少了人工录入的错误。

2. 传感器技术

各种类型的传感器（如温度传感器、湿度传感器、震动传感器等）可以实时监测货物在运输和存储过程中的环境条件。在冷链物流中，温度传感器可以实时监测货物的温度，确保货物在适宜的温度范围内运输和存储，防止质量损坏。

3. 物联网技术

物联网（IoT）通过连接各种传感器和设备，实现数据的实时采集和传输。物流企业可以通过物联网平台，实时监控货物的状态和位置，并获取全面的物流信息。物联网技术不仅提高了数据采集的实时性和全面性，还增强了物流过程的透明度和可追溯性。

（二）智能决策

智能决策是智能物流的核心，通过大数据分析、人工智能等技术，对采集到的信息进行处理和分析，进行物流过程中的优化决策。

1. 大数据分析

大数据技术可以处理和分析海量的物流数据，从中挖掘有价值的信息和模式。物流企业可以利用大数据分析，预测市场需求、优化库存管理、改进运输路线等。通过分析历史销售数据和市场趋势，企业可以准确预测未来的需求变化，合理安排库存，避免库存过多或不足的情况。

2. 人工智能

人工智能技术在物流中的应用主要体现在路径优化、需求预测、库存管理等方面。AI算法可以根据实时数据和历史数据，进行最优路径规划，减少运输时间和成本；通过机器学习算法，可以预测市场需求变化，帮助企业制定科学的库存管理策略；AI技术还可用于仓库管理，优化仓储布局和货物存取策略，提高仓库运作效率。

3. 决策支持系统

通过建立物流决策支持系统，企业可以实现对物流过程的智能化管理和优化。决策支持系统综合运用大数据、AI、物联网等技术，提供物流规划、调度、监控和优化等功能，帮助企业作出科学的决策，提高物流效率和服务质量。

（三）智能执行

智能执行是智能物流的落脚点，通过借助机器人、自动化设备等技术，实现物流任务的自动化和智能化执行。

1. 机器人技术

仓储机器人、搬运机器人、配送机器人等在智能物流中的应用，极大地提高了物流过程的自动化水平。仓储机器人可以在仓库中自动搬运货物，提高存取效率；搬运机器人可以在物流中心自动分拣和搬运包裹，减少人工操作；配送机器人可以在最后一公里配送中自动将货物送到客户手中，提升配送效率和客户体验。

2. 自动化设备

自动化输送系统、自动化仓储系统等设备，可以实现货物的自动输送、存储和提取。自动化输送系统可以将货物从生产线直接输送到仓库，减少中间环节的人工搬运；自动化仓储系统可以通过自动化设备实现货物的高效存储和提取，提高仓库的运转效率。

3. 智能控制系统

智能控制系统通过整合机器人、自动化设备、传感器等，实现物流过程的智能化控制和管理。智能仓库管理系统可以实时监控和调度仓储机器人，优化仓储布局和货物存取策略；智能运输管理系统可以实时监控运输车辆的位置和状态，优化运输路线和调度计划，提高运输效率。

智能物流通过智能感知、智能决策和智能执行三个核心特征，实现了物流全过程的智能化管理与优化。智能感知技术通过RFID、传感器和物联网等技术，实现对物流状态的全面、实时感知；智能决策通过大数据分析、人工智能等技术，对采集到的信息进行处理和分析，进行物流过程中的优化决策；

智能执行通过机器人、自动化设备等技术，实现物流任务的自动化和智能化执行。这三个核心特征相互配合，共同构建了高效、智能的物流体系，提高了物流效率、降低了物流成本、提升了服务质量，为现代物流行业的发展提供了强大的技术支撑。

四、智能物流的应用与成效

智能物流的应用覆盖了仓储、运输、配送等各个环节。

1. 智能仓储

智能仓储利用自动化仓库、机器人搬运等技术，实现货物的自动存储和提取。这大大提高了仓储效率和准确性，减少了人工操作的错误和时间成本，从而优化了仓库管理和运营流程，提高了整体物流系统的效率。

2. 智能运输

智能运输通过车辆识别、定位技术等，实现对运输过程的实时监控和优化调度。这不仅降低了运输成本，还缩短了运输时间，提升了运输效率和可靠性，确保货物能够准时、安全地到达目的地。

3. 智能配送

智能配送应用路径优化、导航跟踪等技术，优化配送路线，提高配送效率和服务质量。这确保了更快速、准确的货物交付，降低了配送成本，也提升了客户满意度。

4. 智能包装和装卸

利用智能包装设备和自动装卸系统，提高了包装和装卸效率，降低了货物损耗。这不仅减少了人工操作时间和成本，还确保了货物在处理过程中的安全性和完整性。

通过智能物流的应用，企业能够实现物流过程的全面优化，提高物流效率、降低物流成本、提升服务质量，从而增强市场竞争力。

五、智能物流的未来发展趋势

随着技术的不断进步和市场需求的不断变化，智能物流将继续发展和演变。未来，智能物流的发展趋势主要包括全面智能化、协同化发展、绿色物流和全球化布局等方面。

（一）全面智能化

全面智能化将是未来智能物流发展的重要方向。物流系统的各个环节，包括仓储、运输、配送、包装和装卸等，将实现更高程度的智能化。这意味着通过更广泛地应用人工智能、机器人技术、物联网和大数据分析等前沿技术，物流企业将能够进一步提升运作效率和服务质量。自动化仓库和机器人搬运设备将实现货物的高效存储和提取，智能运输系统将通过实时监控和优化调度，确保货物快速、安全地到达目的地。智能配送将通过路径优化和导航跟踪，提高配送速度和准确性。

（二）协同化发展

协同化发展是智能物流的另一个重要趋势。通过物联网和大数据技术，物流系统内部各环节和外部供应链将实现协同化管理。这意味着物流企业不仅能够实时监控和管理自身的物流过程，还能与供应链上的其他环节进行数据共享和协同运作。通过物联网技术，物流企业可以实时获取供应商、制造商和零售商等供应链伙伴的物流信息，实现库存优化、生产计划调整和配送路径优化，从而提高整个供应链的效率和灵活性。

（三）绿色物流

绿色物流是未来智能物流发展的重要目标之一。通过技术创新和管理优化，物流企业将推动物流系统的绿色发展，降低能源消耗和环境影响。通过优化运输路线和提升装载效率，物流企业可以减少运输过程中产生的碳排放。智能仓储系统通过能源管理和自动化控制，可以降低仓储过程中的能源消耗。此外，智能包装技术将推动环保包装材料的使用，减少包装废弃物的产生。

（四）全球化布局

全球化布局是智能物流未来发展的重要趋势。随着全球化进程的推进，物流企业将逐步实现智能物流在全球范围内的布局和协同发展。这意味着物流企业需要建立覆盖全球的智能化物流网络，利用先进技术实现跨国运输和跨境贸易的高效管理。通过全球定位系统（GPS）和地理信息系统（GIS），物流企业可以实现全球范围内的货物追踪和运输路径优化。同时，物流企业还需要适应不同国家和地区的法律法规和市场需求，灵活调整物流策略，确保在全球市场中的竞争优势。

智能物流将通过全面智能化、协同化发展、绿色物流和全球化布局等方面的持续创新和优化，进一步提升物流效率、降低运营成本、减少环境影响，并增强在全球市场中的竞争力。这些发展趋势将推动物流行业向更加智能化、可持续化和全球化的方向迈进，满足未来市场和消费者的多样化需求。

从传统物流到智能物流的演变，是市场需求、技术进步、成本压力和政策支持等多重因素共同作用的结果。智能物流通过智能感知、智能决策和智能执行，实现了物流过程的全面优化，极大地提升了物流效率和服务质量。未来，智能物流将继续朝着全面智能化、协同化、绿色化和全球化的方向发展，进而推动物流行业的持续创新和升级。

第二章　物流机器人的分类与功能

随着科技的飞速发展，物流行业正经历着深刻的变革，机器人技术的广泛应用成为推动这一变革的核心动力之一。物流机器人以其高效、精准、自动化的特性，在物流操作的各个环节中发挥着越来越重要的作用。为了更好地了解和应用这些先进技术，必须对物流机器人的分类与功能有一个系统的认识。本章将详细介绍物流机器人的主要类型及其在实际物流操作中的具体功能。首先，移动机器人作为物流仓储和运输中的关键设备，极大地提升了物品的移动效率和灵活性。其次，拣选与装卸机器人通过自动化操作，显著提高了拣货和装卸的速度和准确性。最后，包装与分拣机器人在物流终端处理中，确保了包装和分拣环节的高效性和可靠性。本章将为读者提供一个全面的视角，了解各类物流机器人的技术特征和实际应用。

移动机器人

随着全球物流行业的高速增长和智能技术的迅猛发展，移动机器人正日益成为物流领域的热门技术，市场热度高涨。移动机器人不仅可以在仓库内高效完成物料搬运任务，还可以在生产线上实现物流运输自动化，为物流行业带来了革命性的变革。然而，尽管移动机器人在技术和应用上取得了显著进展，但其市场潜力和未来发展面临着一系列挑战和风险。因此，对移动机器人的应用现状进行了深入研究，对于了解其未来发展趋势，促进其持续创新与优化，具有重要意义。

一、移动机器人的技术发展与应用场景

（一）技术发展

1. 传感技术

移动机器人在实现自主导航、避障和任务执行过程中，依赖于各种传感器来感知周围环境和自身状态，常见的传感技术包括激光传感器、视觉传感器、超声波传感器、触觉传感器和气体传感器等。激光传感器能够高速扫描环境，用于地图生成和障碍物检测；视觉传感器通过摄像头和图像处理识别地标、条码和颜色，帮助导航；超声波传感器测量与障碍物的距离辅助避障；触觉传感器感知与机器人接触的物体，判断物料装载与卸载；气体传感器检测有害气体，保障机器人在危险环境下的安全运行。这些传感技术的不断进步和应用，使得移动机器人在复杂环境中的表现更加灵活和智能。

2. 导航与定位技术

为了在室内和室外环境中实现自主规划路径和执行任务，移动机器人需要准确的导航与定位技术。常见的导航与定位技术包括轮式编码器、磁带导航、激光 SLAM、视觉 SLAM 和 GPS。轮式编码器通过测量车轮转动的脉冲数来计算移动距离和角度，实现简单的里程计导航；磁带导航利用磁感应识别地面磁带位置，实现精确导航；激光 SLAM 和视觉 SLAM 能够在未知环境中建立地图并定位自身位置；GPS 能在室外环境下实现全球定位，用于规划长距离路径。这些导航与定位技术在移动机器人的自主导航中发挥着关键作用，确保机器人能够准确、高效地完成任务，并在复杂环境中避开障碍物，保证安全运行。随着定位技术的不断发展，移动机器人的导航能力将进一步提升，应用领域和应用模式也将进一步扩展。

3. 控制系统与人工智能

控制系统是移动机器人的核心部分，它包括硬件和软件两个方面。在硬件方面，控制系统包括传动装置电机和传感器等组件，它们负责驱动机器人运动，并感知周围环境和机器人自身状态。软件方面涵盖了路径规划、动作控制和任务调度等算法。路径规划算法基于目标位置和环境信息，计算最优路径；动作控制算法将路径转化为机器人的具体动作和速度控制；任务调度算法则负责分配任务和优化调度，确保机器人高效执行任务。人工智能是移动机器人实现智能决策和自主学习的关键技术。通过人工智能技术，移动机器人可以不断优化路径规划、避障策略和任务执行，逐步提升其智能水平。人工智能的应用让移动机器人具备了智能决策和自主执行任务的能力，并为物流行业带来更高效、智能的解决方案。

（二）应用场景

1. 仓库内的物料搬运

仓库内的物料搬运是移动机器人的主要应用场景之一，在传统仓储管理中，需要大量的人工搬运货物，不仅费时费力，还容易出现错误和损耗。引入移动机器人可以实现仓库内物料的自动搬运，提高物流效率和减少人力成本。在仓库内，移动机器人可以配备不同类型的载具，如货架车、托盘车或平台车，以适应不同尺寸和重量的货物。移动机器人可以通过与仓库管理系统的连接，实现自主接收和处理任务指令。在接到搬运任务后，移动机器人根据预先建立的地图和路径规划算法，自主导航至货物存放位置，将货物安全地搬运至指定位置。在搬运过程中，移动机器人能够通过传感器感知周围环境，避开障碍物，并确保货物的安全。

2. 生产线上的物流运输

在现代制造业中，生产线的高效运作对于提高生产效率和降低生产成本至关重要。移动机器人在生产线上的应用，可以实现零部件供应、成品搬运和物料运输等任务的自动化和智能化。在生产线上，移动机器人可以配备不同类型的搬运装置，如托盘、车架或机械臂等，用于搬运零部件和成品。移动机器人可以根据生产计划和物料需求，在生产线上自主导航，将零部件从仓库或供应区运送至生产线，并将成品从生产线运送至仓库或下一道工序。通过与生产线的连接，移动机器人可以实时接收生产任务和优化调度，确保物料及时送达生产线，避免生产线的停滞和浪费。

3. 智能物流配送

智能物流配送是移动机器人在物流行业的重要应用场景之一。传统物流配送通常依赖人工驾驶，运输面临着路线规划、交通拥堵和人力资源不足等挑战，引入移动机器人可以实现物流配送的自主化、智能化和高效化。在智能物流配送中，移动机器人可以作为自主配送车辆，负责将货物从仓库、生产线或配送中心送往目的地。移动机器人可以根据交付订单和目标位置，自主规划最优路径和交付路线，并通过与物流管理系统的连接，实现自动接收和处理配送任务。在配送过程中,移动机器人可以通过视觉传感器和导航技术,实时感知道路和交通状况,并根据实际情况调整路径,避免交通拥堵和延误。

二、移动机器人的市场现状

(一)市场驱动因素

第一,随着物流行业的发展和现代制造业的普及,物流配送和仓储需求不断增长。为了应对日益增长的订单量和复杂的供应链,物流行业对自动化的需求不断增加。移动机器人作为自主搬运工具,可以实现自动化的物流配送和仓储管理,满足高效、准确、灵活的物流需求,因此受到越来越多企业的关注和采用。第二,在一些地区和行业,劳动力短缺成为制约物流行业发展的主要问题之一。传统的人工物流搬运和配送需要大量的人力投入,但受限于劳动力资源的紧张和劳动力成本的上升,企业难以满足物流需求。移动机器人作为自主搬运工具,可以减少对人力的依赖,弥补劳动力短缺带来的问题,提高物流效率。第三,在物流行业,降低运营成本一直是企业的重要目标,传统的人工物流搬运和配送费用较高,并且容易受到劳动力成本和培训费用等影响。移动机器人的一次性投入较高,但其长期运营和维护成本较低,且可以实现24小时不间断工作,因此在长期成本效益上具有较大优势。

(二)市场挑战与风险

第一,目前移动机器人技术尚处于不断发展阶段,在某些领域和复杂环境下,可能存在技术限制和不成熟问题。导航和定位技术在特定环境下可能不够准确,传感技术在特殊条件下可能受到干扰。这些技术上的不足可能导致机器人在执行任务时出现误差或困难,限制了其在一些特殊场景中的应用。第二,移动机器人在工作过程中必须与人类和其他设备共同存在,安全问题成为市场发展的重要考虑因素。虽然移动机器人在设计上通常会考虑安全措施,但意外事件和碰撞仍有可能发生。对于机器人与人员共同工作的环境,需要建立严格的安全标准和法律法规来确保人员安全和机器人的合规性。第三,移动机器人的投资和部署需要一定的资金和资源。尤其对于中小型企业而言,引入移动机器人可能存在较高的初期投资和技术培训成本。

(三)市场规模与预测

移动机器人市场已经取得较大规模,涵盖仓储生产线和物流配送等多个领域。许多物流企业和制造业企业已经开始采用移动机器人，以提升物流效率降低成本，并改善供应链管理。据市场调研和数据分析，全球自主移动机器人市场规模预计将从2023年的18亿美元增加到2028年的41亿美元。市场的发展受益于物流行业对自动化和智能化的追求，以应对日益增长的订单量和劳动力短缺问题。同时，技术的不断进步和供应链优化的需求，也为移动机器人的应用提供了有力支撑。移动机器人市场的潜力将继续增大。未来几年，市场规模有望持续快速增长，尤其是在电商医疗、制造业等领域，移动机器人的应用前景更为广阔。随着智能技术的深入应用和成本的下降，移动机器人的普及将继续加快。

三、移动机器人的发展趋势

（一）多行业应用的拓展

随着技术的不断进步和应用经验的积累，移动机器人正在多个行业中得到广泛应用。这不仅局限于传统的物流配送、仓储管理和生产线物料搬运，还扩展到医疗、零售、酒店、建筑等领域，展现出巨大的潜力和应用前景。

1. 物流配送与仓储管理

在传统的物流配送与仓储管理中，移动机器人已经显示出显著的优势。仓储机器人可以高效地完成物品的存取和搬运，大幅减少人工劳动和操作时间，同时提高了存取精度和库存管理的准确性。自动导引车（AGV）和自主移动机器人（AMR）可以在物流中心和仓库中自由移动，优化路径规划，减少运输时间和成本。此外，在配送环节，移动机器人可以承担"最后一公里"的配送任务，确保货物及时、安全地到达客户手中。

2. 生产线物料搬运

在制造业的生产线上，移动机器人广泛用于物料搬运和生产过程的自动化管理。它们可以在不同工位之间自动运输物料，确保生产过程的连续性和高效性。移动机器人能够与生产线设备无缝集成，实现物料的精确配送，减少生产中的中断和延误，从而提升整体生产效率和产品质量。

3. 医疗领域

在医疗领域，移动机器人的应用前景广阔，能够显著提高医疗机构的运营效率和服务质量。移动机器人可以用于医院内的物资搬运、药品配送和病房巡检。它们能够自动将药品、试剂等物资从药房运送到各个病区,减少医护人员的工作负担,让他们有更多时间专注于患者护理。同时,机器人还可以在非接触环境下进行病房巡检,降低交叉感染的风险,尤其在疫情防控期间发挥了重要作用。

4. 零售业

在零售业中,移动机器人也正在发挥越来越重要的作用。它们可以用于商店内的货物补充和库存管理,提高货架整理的效率和准确性。移动机器人还能够在商场中提供导购服务,引导顾客找到所需商品,提升购物体验。在电商仓储中,移动机器人可以自动分拣和包装订单,提高处理速度,缩短交货时间。

5. 酒店服务

酒店行业也在积极采用移动机器人,以提升服务质量和运营效率。移动机器人可以承担行李运送、客房服务等任务,减少人工工作量,提供更加便捷和个性化的服务。机器人可以将餐饮送至客房,为客户提供 24 小时不间断服务,提升客户满意度和入住体验。

6. 建筑行业

在建筑行业,移动机器人可以用于施工现场的物料搬运和自动化操作,提升施工效率和安全性。它们能够在复杂的施工环境中自动导航和避障,准确将物料运送到指定位置,减少人力劳动和操作风险。此外,移动机器人还可以用于建筑物的自动巡检和维护,提高建筑管理的智能化水平。

随着各行业对智能化和自动化需求的不断增加,移动机器人将在更多领域发挥重要作用。未来,移动机器人技术将继续向更高的智能化、灵活性和协作能力发展。融合人工智能和机器学习技术的移动机器人,将能够更加自主地学习和适应不同工作环境,执行更加复杂的任务。协作机器人(Cobots)将与人类共同工作,提升工作效率和安全性。

移动机器人的多行业应用拓展不仅是技术发展的结果,更是各行业对效率提升和智能化需求的迫切呼声。通过不断创新和应用实践,移动机器人将继续在各个领域中展现出巨大的潜力和价值,推动行业变革和发展。

(二)与物联网、大数据的融合

未来移动机器人的发展将与物联网和大数据技术的融合密切相关。这种融合将显著提升移动机器人的智能化水平和应用价值，推动其在各个行业中的广泛应用。

1. 物联网与移动机器人的融合

物联网（IoT）通过连接各种设备和传感器，实现数据的实时采集和传输。将移动机器人与物联网设备连接，可以使其具备实时感知和响应周围环境变化的能力，从而实现更加智能的导航和避障。

2. 大数据与移动机器人的融合

大数据技术的应用，使移动机器人能够收集、分析和利用大量的物流数据，从而优化路径规划和任务调度，提高物流运作的效率和准确性。

3. 物联网与大数据融合的协同效应

物联网和大数据技术的融合将产生协同效应，进一步提升移动机器人的智能化水平和应用价值。物联网和大数据技术的融合将推动移动机器人向更高智能化和更广泛应用的方向发展。通过实时感知、智能分析和动态优化，移动机器人将在物流、制造、医疗、零售等多个行业中发挥重要作用，提高运作效率和服务质量。未来，随着技术的不断进步和应用经验的积累，移动机器人将进一步融入物联网和大数据生态系统，实现更高层次的智能化和协同化，推动行业变革和创新。

（三）人机协作与工作流程优化

移动机器人的发展并非要取代人力，而是与人力进行协作，优化工作流程，提高整体效率。未来移动机器人将更加注重人机协作，实现机器人和人员之间的高效配合。在仓库内，机器人负责重复性的搬运工作，而人员则专注于复杂的操作和管理工作。通过合理规划和优化人机协作模式，可以充分发挥机器人和人员的优势，实现工作流程的高效协同。

1. 移动机器人的优势

移动机器人在物流和仓储中有着明显的优势，尤其是在执行重复性、高强度和精确度要求高的任务方面。

（1）重复性任务。移动机器人可以不知疲倦地执行重复性任务，如货物搬运、分拣和装卸，减少人力在这些任务上的投入，从而降低人工成本和劳动强度。这不仅提高了工作效率，还减少了人工操作中的失误，确保了物流操作的准确性和一致性。

（2）高精度操作。机器人能够按照预定的路径和流程高精度地执行任务，减少人为操作的误差和失误，提高整体操作的准确性。这种高精度的执行能力确保了物流过程中每一步的精确无误，从而提高了效率和可靠性。

（3）全天候工作。机器人可以24小时不间断工作，极大地提高了仓库和物流中心的运作效率，确保业务的连续性和稳定性。这样，无须人工休息时间，物流操作可以持续进行，从而显著提升整体生产和配送能力。

2. 人力的优势

尽管移动机器人在许多方面具有优势，但人类在某些领域仍然具有不可替代的优势。

（1）复杂操作。人类在处理复杂、非标准化的任务时表现出色。在处理异常情况、紧急问题和需要灵活判断的任务时，人类的应变能力和决策能力更为突出。这使得人类在应对突发事件和复杂情境时能够迅速作出有效的决策，确保工作流程的顺利进行。

（2）管理与监督。人员在管理和监督方面具有优势。他们不仅可以监控机器人和系统的运行状态，同时可进行必要的调整和维护，确保系统的高效运作。人类的监控和管理能力确保了机器人和系统在出现问题时能够得到及时处理，维持整体工作的稳定性和效率。

（3）客户服务。在与客户互动和提供个性化服务方面，人类表现得更加灵活和有温度。客户服务和售后支持等任务仍然需要人类的参与，以确保客户的满意度。人类的同理心和沟通技巧使他们能够更好地了解和满足客户的需求，提供更高质量的服务体验。

3. 人机协作模式的优化

为了充分发挥移动机器人和人力的优势，需要合理规划和优化人机协作模式，实现工作流程的高效协同。

（1）任务分工与协同。在仓库内，可以将任务进行合理分工，机器人负责执行重复性、高强度和精确度要求高的任务，如货物搬运、分拣和装卸。而人类则专注于复杂的操作、管理和监督任务，如处理异常情况、优化仓储布局和管理库存。

（2）智能调度与优化。利用智能调度系统，对机器人和人力资源进行优化配置，确保各项任务合理分配。通过实时数据分析和预测，优化任务调度和路径规划，提高整体运作效率。

（3）培训与技能提升。通过培训与技能提升，让人员掌握与机器人共同协作的技能和知识，增强人机协作的效果。培训人员如何操作和维护机器人、如何处理与机器人协作时可能出现的问题。

（4）安全与协作环境。建立安全的工作环境，确保机器人和人类在协作过程中的安全性。设置明确的协作区域和操作规程，防止意外碰撞和操作失误。这种安全措施不仅保护了工作人员和设备，还保证了工作流程的顺畅和高效。

4. 应用实例

在实际应用中，人机协作已经在许多行业中展现出其独特的优势。

（1）在电商仓储中，机器人可以负责搬运和分拣货物，而人类则专注于订单的核对、异常处理和客户服务。通过协同工作，显著提高了订单处理速度和准确性。

（2）在制造业生产线上，机器人可以执行重复性高的装配和搬运任务，而人类则负责质量检测、复杂装配和生产线管理。人机协作提高了生产效率和产品质量。

（3）在医疗领域，如医院中，移动机器人可以负责药品和物资的配送，而医护人员则专注于患者护理和紧急情况处理。通过人机协作，提高了医院的运营效率和服务质量。

未来移动机器人将更加注重与人力的协作，通过合理规划和优化人机协作模式，实现工作流程的高效协同。机器人负责执行重复性、高强度和精确度要求高的任务，而人类则专注于复杂的操作、管理和监督任务。通过智能调度、任务分工、技能培训和安全保障，移动机器人和人力能够充分发挥各自的优势，共同提升物流和仓储的运作效率和服务质量。这种人机协作模式不仅提升了整体效率，还为企业带来了更大的灵活性和竞争力。

拣选与装卸机器人

拣选与装卸机器人在现代物流和仓储管理中扮演着至关重要的角色。这些机器人通过自动化和智能化技术，极大地提高了货物拣选和装卸的效率的准确性，减少了人工劳动强度，并提高了整体供应链的运作效率。随着技术的不断进步，拣选与装卸机器人正变得越来越智能和多功能，能够适应各种复杂的物流环境和任务需求。

一、拣选机器人的功能与应用

拣选机器人是用于自动化拣选货物的设备，广泛应用于仓储、分拣中心和配送中心等场景。其主要功能和应用包括：

（一）自动化拣选

自动化拣选机器人通过利用视觉识别、RFID、条码扫描等技术，实现了货物的高效、精准拣选，显著提高了货物拣选效率和准确性。这些机器人能够快速、准确地定位目标货物，并进行精确地抓取和放置，适用于电商仓储、零售业和制造业等领域。它们具备高效率、高精度和灵活性，能够应对不同尺寸、形状和重量的货物拣选任务，降低了人工成本和劳动强度。然而，自动化拣选机器人在技术复杂性和成本问题上仍面临挑战。未来，随着技术的进步和应用经验的积累，拣选机器人将更加智能化和柔性化，通过智能感知与决策、人机协作和成本优化，推动物流和仓储管理的不断革新和优化。

（二）高效分拣

高效分拣机器人通过利用视觉识别、RFID、传感器等技术，实现了货物的快速、准确分类和分拣，显著提高了分拣效率和准确性。这些机器人能够按照预定规则自动分类和分拣货物，减少了人工分拣的时间和错误率，适用于电商仓储、快递物流中心、零售配送中心和制造业仓储等领域。它们具备高效率、高精度和灵活性，能够应对不同尺寸、形状和重量的货物分拣任务，降低了人工成本和劳动强度。然而，高效分拣机器人在技术复杂性和成本问题上仍面临挑战。未来，随着技术的进步和应用经验的积累，分拣机器人将更加智能化和柔性化，通过智能感知与决策、人机协作和成本优化，推动物流和仓储管理的不断革新和优化。

（三）柔性处理

柔性处理是现代拣选机器人的一项重要特征，使其能够处理各种尺寸、形状和重量的货物。通过智能算法、灵活机械手和传感器技术，拣选机器人能够应对复杂的拣选任务，提高仓储的灵活性和适应性。在电商仓储、制造业仓储、医药物流和食品行业等领域，柔性处理机器人展现了高适应性、高精度和高效率的优势，显著降低了人工成本和劳动强度。然而，柔性处理机器人在技术复杂性和成本方面仍面临挑战。未来，随着技术的不断进步，柔性处理机器人将更加智能化和高效，通过智能感知与决策、人机协作和成本优化，推动物流和仓储管理的不断革新和优化。

二、装卸机器人的功能与应用

装卸机器人是用于自动化装卸货物的设备，主要应用于物流中心、码头和工厂等场景。其主要功能和应用包括：

（一）自动化装卸

自动化装卸是物流和生产管理中的一个关键环节，旨在通过装卸机器人实现货物在运输车辆、仓库和生产线之间的高效、精准装载和卸载。装卸机器人利用机械臂和传感器技术，自动进行货物的定位、抓取和搬运，减少了人工装卸的劳动强度，并显著提高了操作效率和准确性。

1. 技术原理

自动化装卸机器人通过多种先进技术实现对货物的自动装载和卸载。

（1）机械臂技术。机械臂技术赋予了装卸机器人多自由度运动能力，使其能够灵活调整抓取位置和角度。其配备的夹持器或吸盘可以根据货物的形状和重量灵活调整抓取方式，确保货物在搬运过程中的稳定性和安全性。机械臂的灵活性使其能够应对各种复杂的装卸任务，提高操作效率。

（2）传感器技术。传感器技术在自动化装卸机器人中起到了至关重要的作用。激光雷达、红外传感器和力传感器等多种传感器帮助机器人实时监测货物和环境的状态，并提供精确的位置信息和反馈数据。力传感器能够监测抓取过程中的压力，避免对货物的损坏，同时确保货物被稳妥地抓取和搬运。传感器技术的应用不仅提高了机器人的感知能力，还增强了其操作的安全性和准确性。

（3）视觉识别技术。通过安装摄像头和图像处理系统，装卸机器人能够识别货物的位置、形状和尺寸，并进行精确地定位和抓取。视觉识别技术使得机器人能够在复杂环境中进行精细操作，并有效避障，提高了操作的安全性和可靠性。这种技术的应用确保了机器人在处理各种形态货物时的灵活性和精度。

（4）自动化控制系统。自动化控制系统结合智能算法，使装卸机器人能够根据预定的程序和实时数据，自动规划抓取路径和搬运操作。这种智能控制系统能够根据实时监测到的信息和预设的任务要求，动态调整操作策略，确保高效、准确地完成装卸任务。智能算法的应用使得机器人能够在复杂多变的环境中自主决策和优化操作流程，提高了整体作业的效率和可靠性。

自动化装卸机器人通过机械臂技术、传感器技术、视觉识别技术和自动化控制系统的集成，实现了对货物的高效、精准装载和卸载。这些先进技术的应用不仅提高了机器人装卸操作的效率和安全性，还显著降低了人工劳动强度，推动了物流和生产管理的现代化和智能化。尽管在技术复杂性和成本方面仍面临挑战，但随着技术的不断进步和应用经验的积累，自动化装卸机器人将在未来发挥更加重要的作用，推动行业的持续创新和发展。

2. 应用场景

自动化装卸机器人在多个领域展现了其广泛的应用价值。

（1）物流中心。在物流中心，装卸机器人能够在货物运输车辆与仓库之间自动进行货物的装载和卸载，提高了物流运作效率，减少了人工操作时间和劳动强度。这种自动化操作不仅提高了整体物流的运转速度，还减少了人为操作带来的失误和延误，使得物流中心的运作更加流畅和高效。

（2）码头和港口。在码头和港口，装卸机器人也发挥着重要作用。机器人能够精确定位集装箱的位置，并自动进行装卸操作，显著提高了集装箱和大宗货物的装卸效率。传统的人工装卸不仅耗时费力，还存在一定的安全风险，而装卸机器人通过自动化操作减少了人工装卸的风险和成本，提高了作业的安全性和经济性。

（3）制造业生产线。制造业生产线是装卸机器人应用的另一个重要领域。装卸机器人可以在生产线和仓库之间自动搬运原材料和成品，提高生产线的连续性和自动化水平。机器人能够根据生产计划自动调度物料，确保生产过程的顺畅进行，从而提高生产效率，减少停工等待时间，优化生产流程。自动化装卸不仅提高了生产线的灵活性和响应速度，还减少了人为操作可能带来的错误和损失。

（4）仓储管理。在仓储管理中，装卸机器人同样展现了其显著优势。机器人能够自动进行货物的入库和出库操作，优化仓储空间的利用率，减少人工搬运的工作量和错误率。通过精确地定位和自动化控制，机器人能够高效地管理库存，确保货物的合理存放和调度，减少仓储过程中的人工干预，提高整体仓储管理的效率和准确性。自动化装卸不仅降低了人工成本，还提高了仓库的空间利用率和作业安全性。

自动化装卸机器人在物流中心、码头和港口、制造业生产线和仓储管理等领域展现了广泛的应用价值。通过自动化装载和卸载操作，机器人提高了各个领域的运作效率，减少了人工劳动强度和操作错误，优化了生产和物流流程，推动了行业的智能化和现代化发展。尽管在技术复杂性和成本方面仍面临挑战，但随着技术的不断进步和应用经验的积累，自动化装卸机器人将在未来发挥更加重要的作用，进一步提升各个领域的运作效率和竞争力。

（二）大宗货物处理

大宗货物处理是装卸机器人尤其擅长的领域，特别是在处理集装箱、托盘等大宗货物时，机器人的优势尤为突出。这些货物通常体积大、重量重，传统的人工装卸不仅耗时费力，还存在较高的安全风险。装卸机器人通过自动化技术，能够快速、高效地完成这些大宗货物的装卸任务，显著提高了码头和仓库的作业效率。

在码头和港口，传统的集装箱装卸需要大量的人工操作和重型机械设备的配合，过程烦琐且效率相对较低。装卸机器人可以通过自动化控制和精确定位技术，实现集装箱的快速装卸。机器人利用先进的机械臂和传感器技术，能够精确抓取和放置集装箱，减少了人工操作的误差和时间。同时，装卸机器人可以 24 小时不间断工作，极大地提升了港口的装卸效率，缩短了船只停靠时间，降低了物流成本。

在仓库和物流中心，传统的托盘装卸依赖叉车和人工搬运，效率有限且存在安全隐患。装卸机器人能够自动识别托盘的位置和状态，进行精确地抓取和搬运。通过使用传感器和视觉识别技术，机器人可以快速、准确地完成托盘的堆垛和搬运任务，避免了人工操作中的错误和损坏。此外，机器人在搬运过程中能够保持稳定和均匀的速度，减少了货物在搬运过程中的振动和损坏，提高了货物的安全性。

装卸机器人的应用不仅提高了作业效率，还显著地改善了工作环境和安全性。传统的人工装卸工作强度大，容易引发工伤事故，而机器人能够在复杂和危险的环境中安全、高效地完成任务，减少了工人的劳动强度和受伤风险。对于处理重型或危险货物，装卸机器人更能展现其优势，保障了操作人员的安全。无论是形状规则的集装箱、托盘，还是形状不规则的大型机械设备，机器人都能通过智能算法和机械手的调整，灵活应对不同的装卸需求。这种适应性使得机器人在多个行业和应用场景中具有广泛的应用前景。

（三）安全操作

安全操作是装卸机器人在复杂工作环境中必不可少的特性，通过使用防碰撞传感器和智能控制系统，机器人能够有效避免与人或其他设备发生碰撞，从而确保作业的安全性和稳定性。在物流中心、码头、仓库等作业场所，环境通常复杂且动态多变，传统的人工操作容易出现安全事故和操作失误。装卸机器人通过集成先进的传感器技术和智能控制算法，能够实时监测周围环境并做出快速反应，避免碰撞和误操作。

防碰撞传感器包括激光雷达、红外传感器和超声波传感器等，能够实时检测机器人周围的障碍物和移动物体。当传感器探测到潜在碰撞风险时，机器人能够迅速调整路径或停止移动，以避免碰撞事故的发生。这些传感器提供的精确环境信息，使得机器人能够在拥挤和复杂的作业环境中安全、高效地运行，减少了操作风险和设备损坏。智能控制系统通过集成人工智能和机器学习算法，使装卸机器人具备自主决策能力和动态调整能力。机器人可以根据传感器提供的实时数据，自动规划和优化操作路径，确保在复杂环境中的平稳运行。在仓库中，机器人可以根据货架和过道的布局，规划最佳的移动路径，避免与其他设备或工作人员发生冲突。这种智能控制系统还能够根据环境变化和任务需求，动态调整机器人的操作策略，提高作业的灵活性和响应速度。

装卸机器人的安全操作还得益于其先进的机械设计和冗余系统。现代装卸机器人通常配备有多层次的安全机制，如紧急停止按钮、碰撞缓冲装置和自动恢复系统等，进一步提高了操作的安全性。这些设计不仅保护了机器人的自身安全，还确保了周围人员和设备的安全，减少了因意外操作而导致的安全事故和财产损失。

在处理重型和危险货物时，装卸机器人展示了其独特的安全优势。传统的人工搬运重型货物不仅效率低下，还存在较高的安全风险，容易导致工伤事故。机器人通过自动化操作和精确控制，能够在保障安全的前提下，高效完成重型货物的装卸任务。特别是在处理化学品、易燃物等危险货物时，机器人代替人工作业能够减少人类直接接触的风险，确保操作过程的安全性。

拣选与装卸机器人在现代物流和仓储管理中发挥着重要作用，通过自动化和智能化技术，极大地提高了工作效率和准确性。尽管面临技术复杂性和成本问题等挑战，但随着技术的不断进步和应用经验的积累，拣选与装卸机器人将继续发展，朝着更智能化、更柔性化和更高效的方向迈进，推动物流行业的不断革新和优化。

包装机器人

包装机器人在现代物流和制造业中扮演着至关重要的角色。通过自动化和智能化技术，包装机器人能够高效、精准地完成各种类型的包装任务，减少了人工劳动强度，提升了整体生产和供应链的运作效率。随着技术的不断进步，包装机器人变得越来越智能化和多功能，能够适应各种复杂的包装需求和工作环境。

一、功能与应用

包装机器人的主要功能和应用包括自动封装、标签打印与贴附以及定制化包装。

（一）自动封装

自动封装是包装机器人的功能之一，通过执行各种封装操作，如封箱、缠绕和热缩包装，显著提高了包装效率和质量。包装机器人利用视觉识别和传感器技术，能够识别货物的形状和尺寸，自动调整包装材料的使用量和包装方式，确保包装的紧密和稳定。这种自动化封装不仅加快了包装速度，减少了人工干预，还保证了货物在运输过程中的安全性和完整性。通过精确控制每一步操作，包装机器人有效减少了包装错误和货物损坏的风险，提升了整体物流和供应链的效率。

（二）标签打印与贴附

现代包装机器人能够自动打印和贴附标签。通过集成条码扫描和RFID技术，机器人可以确保标签信息的准确性，并快速、高效地完成标签粘贴，减少人为错误，提高物流跟踪和管理的效率。标签打印与贴附的自动化处理，有助于确保物流信息的准确性和一致性。

（三）定制化包装

通过智能算法，机器人能够根据客户需求和订单信息自动选择合适的包装材料和方式，同时提供个性化包装服务。这种定制化操作不仅提升了客户满意度，还能够满足不同客户的个性化需求，提高服务质量和客户体验。定制化包装使得物流和供应链更加灵活和高效，能够更好地适应市场的多样化需求。

二、技术特点

包装机器人具备多方面的技术特点，使其在各种应用场景中表现出色。

（一）高效率

机器人能够连续不间断地进行包装作业，大幅提高包装效率。自动化操作减少了人工干预和等待时间，显著提升了生产和物流的运作效率。在高强度的工作环境中，机器人可以全天候运行，不需要休息，从而确保了生产和物流流程的连续性和稳定性。这种高效率的包装能力，使得企业能够在短时间内完成大量订单的包装任务，满足市场的需求和客户的期望。

（二）高精度

高精度是包装机器人在执行包装任务时的显著特点。通过使用先进的视觉识别和传感器技术，包装机器人能够精确地识别货物的形状、尺寸和位置，确保每一次包装操作的准确性。视觉识别技术使得机器人可以实时检测货物，并根据具体情况调整包装方式，确保包装的紧密和稳定。传感器技术提供实时反馈，帮助机器人微调操作，避免过度或不足的包装。这种高精度的操作能力，显著减少了人为操作中的错误，确保了货物包装的质量和一致性，从而提高了产品的市场竞争力和客户满意度。

（三）灵活性

机器人具备高度的柔性处理能力，能够适应不同类型和尺寸的货物包装需求。智能算法使机器人能够根据订单信息和客户需求，自动选择合适的包装材料和包装方式。机械手的精确控制，使机器人能够应对各种复杂的包装操作，无论是形状不规则的货物还是需要特殊处理的货物，机器人都能高效完成包装任务。这种灵活性不仅提高了包装机器人的适应性，使其能够在多样化的生产和物流环境中发挥作用，还满足了客户的个性化需求，提升了服务质量和客户体验。

包装机器人通过高效率、高精度和灵活性的技术特点，显著提升了包装作业的效率和质量，满足了现代生产和物流的多样化需求。这些技术特点使得包装机器人在各种应用场景中表现出色，推动了物流和供应链管理的自动化和智能化发展。

三、应用场景

包装机器人在多个行业和应用场景中展现了广泛的应用价值，为各个行业的包装需求提供了高效、精准和自动化的解决方案。

（一）电商仓储

在电商仓储中，包装机器人能够显著提升订单处理的速度和准确性，尤其在电商订货的高峰期，处理大量订单需求显得尤为重要。机器人可以自动进行商品的封装和标签打印，减少了人工操作的时间和劳动强度。通过自动化操作，包装机器人确保了每个订单的快速准确处理，提升了电商仓储的整体效率和客户满意度。在电商行业，订单量大、种类繁多，人工包装容易出错且效率较低，而包装机器人的高效运作能够有效应对这些挑战。

（二）制造业

在制造业中，包装机器人通过自动化包装操作，提高了生产线的连续性和自动化水平。生产线上的产品包装通常需要高效率和高精度，传统的人工包装难以满足大规模生产的需求。包装机器人能够自动完成产品的封装和标签粘贴，减少了人工操作的时间和劳动强度，显著提高了生产效率。机器人能够根据生产线的运行情况，灵活调整包装方式，确保每件产品都能得到快速、精准地包装，从而保持生产线的高效运转。

（三）食品与饮料行业

在食品与饮料行业，包装机器人同样发挥着重要作用。食品与饮料的包装需要特别注意卫生和安全，传统的人工包装可能存在污染和质量问题。包装机器人通过自动化操作，减少了人为接触，确保了食品包装的卫生和安全。机器人能够高效进行食品的封装和标签粘贴，确保包装的紧密和稳定，延长食品的保质期。同时，机器人还能根据不同食品和饮料的特性，选择合适的包装材料和方式，提高了产品质量和市场竞争力。

（四）医药行业

在医药行业，包装机器人则满足了药品和医疗器械包装的严格要求。药品和医疗器械的包装需要高度的精度和安全性，确保药品信息的准确性和包装的密封性。包装机器人能够自动完成药品的封装和标签打印，减少了人工操作中的错误和污染风险，确保包装的安全性和信息的准确性。通过自动化操作，包装机器人不仅提高了医药包装的效率，还确保了药品在运输和存储过程中的安全性，满足了严格的医药行业标准。

四、优势分析

（一）提升效率

包装机器人能够连续不间断地进行包装作业，大幅提高了包装效率。传统的人工包装往往受到人员疲劳和工作时长的限制，而机器人可以全天候运作，满足高强度工作需求。这种高效能的包装能力优化了生产和物流流程，确保了企业能够快速处理大批量订单，特别是在高峰期时能应对激增的需求。

（二）降低人工成本

包装机器人通过减少人工操作和提高包装效率，显著降低了企业的人工成本和操作费用。人工包装不仅费时费力，还存在操作失误的风险，导致不必要的成本浪费。自动化包装机器人通过精确地操作，减少了人工干预和人为错误，降低了操作成本。同时，机器人设备的长时间运作和低维护成本，使得企业在长期运营中受益匪浅，整体作业的经济性得到了显著提升。

此外，包装机器人的高精度操作确保了货物包装的质量和一致性。传统人工包装受限于人的技术水平和注意力，很难保证每次包装的质量一致。而包装机器人通过先进的视觉识别和传感器技术，能够精确执行每一个包装步骤，确保包装的紧密和稳定。这种高质量的包装不仅减少了货物在运输过程中的损坏风险，还提升了产品的市场竞争力，为企业赢得了更多的客户信任和市场份额。

（三）处理重型和危险品

自动化包装机器人在提升安全性方面表现突出。人工包装，尤其是在处理重型或危险物品时，工人面临较大的受伤风险。自动化包装减少了工人直接接触危险物品的机会，显著降低了工人的受伤风险，提高了工作环境的安全性。机器人能够在危险环境中高效运作，避免了人力操作中的安全隐患，保障了人员的健康和安全。

包装机器人通过自动化和智能化技术，实现了货物包装的高效、精准操作，显著提高了生产和物流的整体运作效率。尽管面临技术的复杂性和成本问题等挑战，但随着技术的不断进步和应用经验的积累，包装机器人将继续发展，朝着更智能化、更高效和更具适应性的方向迈进，推动生产和物流管理的不断革新和优化。

第三章 核心技术与创新

在现代物流系统中,核心技术与创新是推动行业变革和提升效率的关键动力。随着科技的飞速发展,导航与定位技术、机器视觉与感知系统以及人工智能与机器学习在物流中的应用,正在重塑传统物流的运作模式。这些技术不仅提高了物流的精准性和可靠性,还使自动化和智能化成为可能。本章将深入探讨这些核心技术的原理、应用和创新,为了解智能物流的发展方向提供全面的视角和见解。通过对导航与定位技术、机器视觉与感知系统以及人工智能与机器学习在物流中的应用的详细阐述,我们将揭示这些技术如何协同工作,共同推动物流行业的智能化转型和效率提升。

导航与定位技术

随着互联网技术的不断发展,智能机器人的应用领域更加广泛,很多智能机器人被应用到各种类型的企业中,并且以集群的方式出现,由多个机器人组成,协助工作,共同完成制定的任务。机器人工作中所处的位置是保证机器人能够高效工作、协同工作的基础。保证物流机器人能够准确地完成分配,调度任务的关键是定位准确、实时操作。在日常的工作、生活中,GPS 定位系统广泛地应用到导航、定位。GPS 信号也会受到环境的影响,室外 GPS 信号要比室内好很多。室内由于受到建筑物、空间等环境的影响,信号受阻,严重的会出现信号丢失的情况。所以,GPS 定位系统并不适用于室内环境。针对物流机器人定位系统有两种定位方法:一种是基础图像处理,另一种则是多传感器信息融合,这两种方法所需要用到的传感器包括 BLE、RFID、WI-FI、运动传感器等。BIE 的应用比较广泛,BLE 属于低功耗、低成本的蓝牙,应用非常广泛。BLE 信号在使用的过程中也会受到材料、设备、技术、结构环境的干扰,这些干扰因素都会导致数据出现不稳定的情况。

一、多传感器信息融合的基本概念及特点

多传感器信息融合主要是利用计算机技术对传感器系统进行编程，按照相关的算法进行系统处理与管理，针对系统进行分析、优化系统管理；对系统的自动识别、自动监测、态势描述、危险评估等功能进行处理。多传感器信息融合的技术能够将理论与实际结合在一起解决问题，并且可以从多方面体现多传感器信息融合的优越性，提高系统的应用能力，改变系统结构，扩展空间、解决信息处理速度的问题，提升系统的稳定性，降低获取信息的成本。

二、基于多传感器的信息融合技术的理论方法

（一）模糊逻辑理论

模糊逻辑理论不需要建立精确的数学模型，成本较低，比较方便计算，容易操作。但在获取和建立过程中，并不细致。模糊建模存在种类和结构不能按照系统的综合指标来设定。

（二）Bayes 推理方法

Bayes 推理方法应用较多有参数自适应和结构自适应方法。此种推理方法的数据要求必须是独立的，这样的要求对于系统构建存在困难，系统中存在一个增减规则，这种规则的存在必须重新计算概率，以保证系统的相关性与一致性。

（三）Dempster-Shafer 推理

此种理论的优点在于能够很好地处理不确定性的问题，对于条件概率密度可以后验。缺点是框架和证据独立性的问题辨识比较局限，并且存在高冲突证据组合的问题。

三、机器人导航定位研究

物流机器人在工作的过程中需要不断获取当前的工作状态与位置，使物流机器人能够实时躲避障碍物，从而顺利完成工作，达到目标。物流机器人在导航定位时采用两种方法，分别是相对定位和绝对定位，像 GPS、信标等属于绝对定位，像深度相机、惯性导航、里程计则属于相对定位。相对定位的方法更适用于物流工作环境定位。本部分主要针对多传感器信息融合情况下，对物流机器人的工作原理、定位方法、标定过程及导航算法进行分析和讨论。

（一）BLE 定位

蓝牙定位技术能够解决移动设备与固定设备之间通信的问题，传统的蓝牙是指3.0之前的蓝牙，BIE 则是 4.0 规范下的蓝牙。BLE 的通信设备分为两部分：一部分是中心设备，另一部分为外围设备。在一般情况下，外围设备会利用中心设备的扫描，扫描通过外围设备广播的内容，在广播包中，包含了外围设备自身的识别标识，利用广播帧的内容，判断设备与中心设备的距离。每一个机器人都有独立的 BIE 的外围设备，这样能够保证中心设备发现机器人，数据包发送的时间设定为 8～15ms，通过帧的有效负载来嵌入特定格式的数据包，完成信息传送。机器人定时定向对外部输送数据包，中心系统设备收到数据包，建立蓝牙模式，并将收到的数据包传送到云端服务器，云端服务器再进行统一的处理。通过蓝牙强度的显示，建立 RSSI 数据，通过 RSSI 训练样本的建立，分析物流机器人的位置与距离，对其进行下一步的指令。

物流机器人送货的目的地是分拣的每个区域，从许多货物中挑选出每个机器人负责的货物类型，送到指定的区域，机器人的目的地是按照区域划分的，每一个区域中都安装了 BIE 的接收器，货物区域记作 A_j，其中 j 是 $\{1, 2, 3, \cdots, N\}$，货物总部是 B_0，物流机器人记为 C_i，其中 $i=\{1, 2, 3, 4, 5\cdots, N\}$，在物流仓储环境下，遍布着 WI-FI 信号以及每个区域的 BLE 无线信号，仓库内的环境，人员等因素都会干扰 BIE 的信号，会影响定位的准确性，因此干扰信号的问题需要解决，可以将接收器安装在收货区域的上方，缩短感应距离，实现机器人能够点对点地定位，明确机器人向外部发送数据包的时间与速度。机器人向云端服务器发送数据包的主要内容包括机器人的标识和 RSSI 数据值。云端服务器会根据收到的数据内容来判断机器人与收货、发货区域的距离，分析机器人更适合到哪个工位工作。

（二）移动定位技术系统分析

GPS 应用在物流定位系统中，受到多重因素的影响，信号的稳定性会受到影响，还有丢失的可能，相比之下 BIE 在物流机器人系统中的应用更可靠、更稳定。物流机器人主要选取的是轮式机器人，机器人移动的距离可以通过轮的转速与半径获得。在机器人的左右两边装有传感器，车轮在运行的过程中会通过传感器收集到数据，通过对收集数据的计算可以得出车轮的转速，然后将转速传到云端服务器。物流机器人系统的研发是基于 STM32 完成的，主要是将光电传感器与电子罗盘数据结合在一起，通过对移动距离与角度的计算，测算出机器人的坐标、距离、位置。另外，对 RSSI 数据的解析，建立 BIE 定位的分类模型，实时收集 RSSI 的数据，并对该数据进行分类输入，从而获取机器人的位置。在云端服务器中，将两种定位方法结合在一起，对环境传感器中的信息进行决策，进一步得到物流机器人的具体位置。

物流机器人的运动结构主要采用轮式运动，通过两个动力轮和一个支撑轮来运动，动力轮运动时通过电机驱动来完成，在电机启动的过程中，传感器收集机器人左右轮子的转速和旋转角度，测量单位是 0.1°，所以电子罗盘测量出的机器人角度区间是 0°～360°。物流机器人系统的传感器包括光电传感器、灰度传感器、超声传感器，传感器主要的功能是确保机器人稳定运行，自主避障。一般机器人会分三个方向进行运动，直行、左转、右转，如图1所示。左、右光电传感器信号分别被标记为 F、Fr，物流机器人的运动状态对于传感信号而言也是分为三种关系：F=Fr、F>Fr、Fl<Fr。当机器人接收到的指令是 left 或 right，光电传感器也会被触发，此刻的移动距离并不能作为机器人的定位根据。当机器人处于直行的状态，才可以进行定位，计算移动距离，得出的数据才是定位的根据。在整个机器人判断的过程中，需要结合多个传感器的数据信息，判断机器人的运动状态及坐标信息。光电传感器传输的数据作为机器人定位最主要的依据。

直行　　　　　左转　　　　　右转

图1　机器人的转向

四、物流机器人多信息融合的定位算法

物流机器人定位算法主要包括两个部分，离线机器学习部分和在线测试部分。先要通过对机器人的设置与学习，建立整个系统的分类模式，分类模式需要融合 BLE 室内定位与距离定位两个模型。首先与 BIE 传感器、光电传感器、电子罗盘数据建立 RSSI 数据集，根据数据集来建立模型和算法，建立位置与数据库的映射关系，位置是由 {B0-BN}，有几个区域可以分为几类；对于位置坐标数据的采集，可以采用近邻算法，得到相对的坐标与位

置，建立两者之间的映射关系。在线测试需要从两方面入手：一方面，收集 BIE 传输的蓝牙数据作为建模的数据输入，并且得出 q 时刻机器人具体的位置 Wbq；另一方面，基于距离分类的模型和当前机器人相对的坐标为 {Xq, Yq}，得到物流机器人的位置为 Wgq，最后将两个数据结果进行分类，并将 q 时刻的环境信息融合在一起，由综合控制单元进行决策分析，并输出服务器机器人在 q 时刻的位置，具体的流程可以按照图 2 来操作。

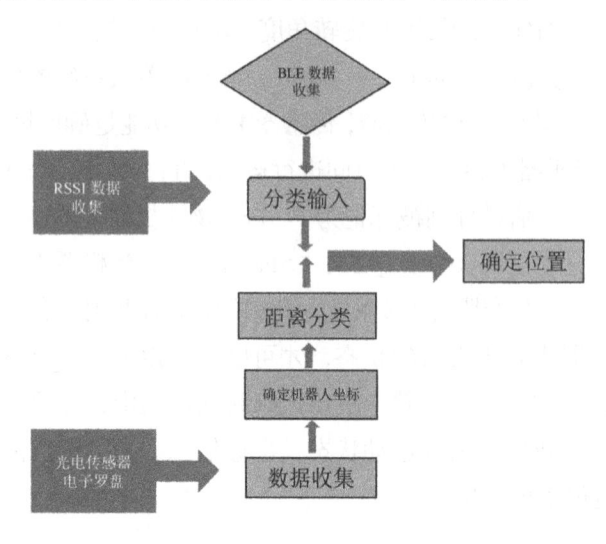

图 2 数据采集流程

定位信息是物流机器人信息共享的一个参数，根据收集到的相关数据与参数，对位置进行分析，也是对下一步工作部署、决策的重要依据。当物流机器人检测到自身要接近目的地时，可以对控制单元进行控制，对机器人进行语音操作与提示，提醒系统已完成分拣工作，送达任务，控制系统操作。当机器人完成工作回到仓库原点，系统会对上一次任务的环境和信息进行清除，进入等待下一次任务的状态。

五、传感器信息融合技术的发展趋势

（一）传感器信息融合技术的研究结果

对于单传感器来讲，加权平均法更适用，对于系统来讲，它有较强的优越性，而 Kalman、Unscented 滤波能够解决图像融合的问题，模糊逻辑算法可以提高 Kalman 滤波的鲁棒性。对于提高融合精度可以使用小波变换，而解决 Bayes 的各种弊端可以使用 Dempster-Shafer，它能够改进 Bayes 存在的一些问题，对其根本问题采用改进和延伸的方法。将各种方法综合在一起，能够很好地改善物流机器人系统的性能，解决存在的问题，促使物流机器人定位技术取得更好的效果。

（二）多传感器信息融合技术未来发展方向

多传感器信息融合技术是今后的发展方向之一，并行体结构是传感器结构的发展方向，而并行计算能力也是计算机软硬件技术的合理体现，多传感器信息融合技术是一个平稳随机的过程，主要是线性结构分布，因此想要更快速地发展，需要提高系统性能，改进其算法，实现非平稳、非线性的信息融合算法。多传感器信息融合技术能够实现在室内环境中的定位与导航。关于传感器的布置，可以根据系统的需要来设立，根据系统的建立与管理来规划传感器的布置。

计算机发展速度非常快，传感器技术被应用到各个领域，人工智能理论也是飞速发展。传感器被应用到各个领域中，包括工业、农业、金融业、服务行业等多个领域。智能化机器人的应用能够提高工作效率，省时省力，使机器人的开发与研究更加地深入，未来将会被商业化。物流机器人应用系统为传统物流仓储环节提供了便捷的工作流程、超高的工作效率。

机器视觉与感知系统

机器视觉与感知系统是现代物流自动化和智能化的重要组成部分。这些系统利用摄像头、传感器和图像处理技术，模拟人类视觉功能，实现对环境和物体的检测、识别和分析。在物流行业中，机器视觉与感知系统不仅提高操作效率和准确性，还降低人工成本和操作风险。

一、技术原理

机器视觉系统通过摄像头或其他图像采集设备获取环境和物体的图像，然后利用图像处理算法对图像进行分析和处理，提取有用信息。感知系统通过多种传感器（如激光雷达、红外传感器、超声波传感器等）检测物体的距离、形状和状态。这些系统通常集成在自动化设备或机器人中，协同工作以实现高效、精准的物流操作。

二、应用场景

（一）自动分拣

自动分拣系统在现代物流中心和配送中心中起着至关重要的作用，通过机器视觉技术大幅提升了分拣效率和准确性。传统的分拣方法依赖人工识别和手动操作，不仅耗时费力，还容易出错。机器视觉系统通过集成先进的图像处理和识别技术，能够快速、准确地识别包裹上的条码、二维码或标签，实现自动分拣操作。

通过摄像头捕捉包裹的图像，利用图像处理技术进行分析。系统可以识别条码、二维码和标签上的信息，快速读取并解码数据。这些数据通常包含包裹的目的地、运输方式和其他相关信息。通过高速、高精度的图像处理算法，系统能够在极短时间内完成信息识别和解码，确保分拣过程的高效运行。

自动分拣系统将读取到的信息与预设的分拣规则进行匹配。根据包裹的目的地和运输方式，系统会自动将包裹分类，并通过传送带或机械臂将包裹送至相应的分拣区域。这种自动化处理方式不仅大幅提高了分拣效率，还减少了人为操作中的错误。机器视觉系统的精确识别能力确保了每个包裹都能被正确分类，避免了包裹误分或遗漏的问题。

随着电子商务和快递行业的快速发展，物流中心和配送中心每天需要处理成千上万的包裹。人工分拣不仅难以满足如此高的处理量，还容易出现疲劳和错误。机器视觉系统的应用，使得分拣过程能够以更高的速度和准确性进行，确保物流中心能够在短时间内完成大量包裹的分拣任务，满足高峰期的需求。系统能够根据不同类型和规格的包裹调整识别和分拣策略，适应多样化的物流需求。无论是小型包裹还是大型货物，机器视觉系统都能准确识别并高效分拣。系统的灵活性使其能够在各种复杂的物流环境中稳定运行，以满足不同客户和业务场景的需求。

传统的人工分拣需要大量劳动力，且分拣过程中的搬运和操作存在一定的安全隐患。机器视觉系统通过自动化操作，减少了对人工的依赖，降低了人工成本。同时，系统能够在复杂和危险的环境中高效运作，减少了工人在分拣过程中可能面临的安全风险。

机器视觉技术的应用，极大地提升了物流中心和配送中心的分拣效率和准确性。其高效、灵活和安全的操作方式，不仅满足了现代物流行业的高标准要求，还为企业节约了成本，提升了整体运营效率。随着技术的不断进步，自动分拣系统将在未来发挥更加重要的作用，推动物流行业的智能化和现代化发展。

（二）仓库管理

在仓储管理中，机器视觉与感知系统的应用大大提升了仓库运作的效率和准确性。通过实时扫描货物和货架上的标签，系统能够准确记录货物的位置和状态，实现自动化的库存管理。这种技术不仅优化了入库、出库和库存盘点等核心环节，还为仓库环境的监测提供了可靠的技术支持，确保货物存储条件符合要求。

当货物进入仓库时，系统通过摄像头和传感器自动扫描货物上的条码、二维码或 RFID 标签，获取货物的相关信息。通过图像处理和数据分析，系统能够迅速识别货物的种类、数量和存储要求，并将其分配到指定的存储位置。这种自动化的入库流程不仅提高了效率，还减少了人工操作中的错误，确保了货物信息的准确性。在出库环节，机器视觉与感知系统同样不可或缺。当需要提取特定货物时，系统通过实时扫描货架上的标签，准确定位目标货物的位置。自动导引车（AGV）或机械臂根据系统指令前往指定位置，完成货物的提取和搬运。系统能够实时更新货物状态，确保库存记录的准确性和及时性。自动化的出库操作不仅缩短了提货时间，还减少了人工干预，提高了出库效率和准确性。

库存盘点是仓库管理中的一项重要任务，传统的人工盘点费时费力，且容易出现漏盘和误盘的情况。机器视觉与感知系统通过自动扫描货架和货物标签，能够实时更新库存信息，实现精准的库存盘点。系统可以定期或根据需要进行自动盘点，确保库存数据的实时性和准确性。自动化盘点不仅减少了人工劳动强度，还提升了仓库运营的透明度和管理水平。

通过集成温度、湿度、光照等传感器，系统能够实时监测仓库内的环境条件。对于存储有特殊要求的货物，如医药产品、食品和高精密设备等，环境条件的控制至关重要。系统能够自动记录和分析环境数据，并在条件超出设定范围时发出警报，及时采取措施，确保货物存储环境的安全性和适宜性。通过自动化的入库、出库和库存盘点操作，系统减少了对人力的依赖，降低了人工操作中的错误和损失。同时，系统能够在复杂和危险的环境中稳定运行，减少了工人面对的安全风险。

(三)自动导航与避障

在自动引导车（AGV）和无人搬运车（AMR）中，机器视觉与感知系统用于导航和避障，极大地提升了物流和仓储的自动化和智能化水平。摄像头和各种传感器实时扫描周围环境，生成环境地图，并通过路径规划算法计算最佳移动路径。感知系统检测障碍物并自动调整行驶路线，确保安全高效的货物搬运。

机器视觉系统通过摄像头捕捉周围环境的图像，利用图像处理和计算机视觉算法进行分析。这些图像数据经过处理后，生成详细的环境地图，包括货架、通道、障碍物和其他重要元素。环境地图为 AGV 和 AMR 提供了精准的导航基础，使其能够在复杂的仓储和生产环境中自由移动。摄像头还可以实时监测环境的动态变化，及时更新地图，确保导航的准确性和可靠性。激光雷达、超声波传感器和红外传感器等多种传感器协同工作，实时检测周围物体的距离和位置。激光雷达能够生成高精度的三维环境模型，帮助 AGV 和 AMR 识别和定位周围的障碍物。超声波和红外传感器则用于检测近距离的物体和障碍，提供更细致的环境信息。这些传感器的数据结合摄像头图像，形成了完整的环境感知系统，确保导航的安全性和准确性。

路径规划算法是自动导航系统的核心，它根据环境地图和实时感知数据，计算 AGV 和 AMR 的最佳移动路径。这些算法考虑了最短路径、避障策略和运输效率等多种因素，确保车辆能够以最高效的方式完成任务。路径规划算法能够动态调整，根据环境的变化和实时数据，重新计算和优化路径。当系统检测到前方有障碍物时，算法会立即计算新的路径，绕过障碍物，确保货物搬运的连续性和安全性。

避障系统通过感知系统检测障碍物并自动调整行驶路线，确保 AGV 和 AMR 在复杂环境中的安全运行。传感器实时监测周围环境，当检测到障碍物时，系统会立即发出警报并调整车辆的行驶方向和速度。避障系统不仅能够处理静态障碍物，如货架和墙壁，还能够应对动态障碍物，如行人和其他移动设备。通过灵活的避障策略，系统确保了车辆在任何情况下都能够安全运行，避免碰撞和事故发生。AGV 和 AMR 能够自主完成货物的搬运和配送任务，减少了对人工操作的依赖，提高了作业效率和准确性。通过自动化的货物搬运，企业不仅能够优化资源配置，降低运营成本，同时也减少了工人在复杂和危险环境中的工作风险，提升了整体安全水平。

（四）质量检测与包装

在生产线和包装环节，机器视觉系统极大地提升了产品质量检测与包装操作的效率和准确性。机器视觉系统通过摄像头和图像处理技术，实时检测产品的外观和规格，识别缺陷品或不合格品，并自动剔除。此外，机器视觉还可以指导机器人完成精确的包装操作，如贴标签、封装等，确保包装质量和一致性。

传统的人工质量检测不仅耗时费力，还容易受到主观因素的影响，导致检测结果不一致。机器视觉系统通过高分辨率摄像头捕捉产品的图像，并利用图像处理算法分析产品的外观和规格。系统能够快速识别出产品的微小缺陷，如表面划痕、色差、形状不规则等，以及尺寸超标或不达标的情况。实时检测使得生产线能够立即发现并剔除不合格品，避免不良产品流入下一个生产环节或市场。在贴标签环节，机器视觉系统通过扫描产品和标签的定位信息，精确控制机器人完成标签的粘贴操作，确保每个标签都粘贴在正确的位置，避免了标签错位或重贴的问题。封装过程中，机器视觉系统实时监控包装材料的使用情况和封装的紧密度，指导机器人进行准确的封装操作，确保每个产品的包装都符合标准。

机器视觉系统还可以实现多工位同步检测和包装操作，进一步提高生产效率。在流水线上，多个摄像头和传感器可以同时工作，覆盖不同的检测和包装工位。系统通过实时数据传输和集中控制，协调各个工位的操作，确保整个生产线的高效运转。多工位同步操作不仅提高了生产速度，还减少了等待时间和操作时间的干扰，优化了生产流程。

（五）智能快递柜

机器视觉与感知系统显著提升了快递投递和取件的效率与安全性。智能快递柜通过集成先进的机器视觉和传感技术，能够识别快递员和用户的身份，自动分配和管理快递格口，实现高效、精准和安全的快递服务。机器视觉系统通过人脸识别或二维码扫描确认快递员和用户的身份，防止未经授权的人员访问。感知系统实时检测和记录快递格口的使用情况，自动选择合适的格口进行包裹存放，优化了格口的利用率。全自动化操作减少了人为干预和操作时间，大大提升了快递服务的效率，同时通过实时监控和日志记录，提高了快递的安全性，防止包裹丢失和被盗。智能快递柜广泛应用于社区、公寓、办公楼和商业区，提供便捷、高效和安全的快递服务，特别是在疫情防控期间，

智能物流：机器人技术的未来

提供无接触式快递服务保障了人们的健康安全。这种智能化、自动化的快递服务模式优化了快递服务流程，推动了快递行业的智能化发展。

三、优势分析

机器视觉与感知系统在物流中的应用带来了以下几方面显著的优势。

（一）提高效率

通过自动化分拣、导航和质量检测，系统大幅提高了物流操作的效率。自动化分拣能够快速、准确地处理大量包裹，减少了人工干预和分拣时间。自动导航技术使自动引导车（AGV）和无人搬运车（AMR）能够高效地在仓库中移动和避障，提高了货物搬运的速度和精度。质量检测系统通过实时监测产品质量，自动剔除不合格品，确保每个产品都符合标准，减少了人工检测的时间和错误率。综合这些自动化技术，物流操作变得更加高效和可靠，显著提升了整体运营效率。

（二）提高准确性

机器视觉系统通过精确识别和处理图像信息，显著提高了物流操作的准确性。它在分拣中能快速、准确地识别包裹上的条码和标签，确保每个包裹被正确分类。在库存管理中，机器视觉系统实时扫描货物和货架上的标签，精确记录货物的位置和状态，避免库存记录错误。在质量检测中，系统自动识别和剔除不合格品，确保每个产品都符合标准，减少人工检测的误差。通过这些精确的图像处理能力，机器视觉系统降低了物流操作中的错误率，提高了整体准确性和可靠性。

（三）降低成本

自动化操作减少了对人工的依赖，从而降低了人工成本和培训费用。自动化系统能够高效地完成复杂的物流任务，减少了对大量人工操作的需求。同时，自动化操作精确且稳定，减少了人为操作引发的损坏和事故，降低了相关的维修费用和赔偿费用。通过这些方式，自动化技术显著降低了整体运营成本，提高了经济效益。

（四）提升安全性

感知系统通过实时监测环境和物体状态，有效防止碰撞和事故发生，从而提升了物流操作的安全性。传感器和摄像头持续扫描周围环境，检测潜在障碍物和风险，并自动调整设备的运行路径和速度，确保安全操作。这种实时监测和自动调整能力减少了人为失误带来的安全隐患，保障了物流过程中人员和货物的安全。

（五）数据记录与分析

机器视觉与感知系统能够实时采集和记录大量物流数据，为运营优化和决策支持提供了坚实的数据基础。这些系统捕捉和分析物流过程中各个环节的详细信息，包括货物位置、运输路径、操作效率等。通过对这些数据的分析，企业可以识别瓶颈、优化流程、预测需求，从而做出更明智的决策，提高整体运营效率和灵活性。

四、技术难点

（一）技术复杂性

系统的设计、集成和维护需要高水平的技术支持，这不仅增加了初期投资，还提升了技术难度。企业需要专业的技术团队来确保系统的正常运行和持续优化。此外，复杂的技术架构和多样的传感器设备也需要定期维护和升级，以保持系统的高效性和可靠性。

（二）数据处理与存储

机器视觉和感与系统生成的大量数据需要高效的处理和存储能力，以确保实时性和可靠性。处理这些数据要求强大的计算资源和先进的算法，以便快速分析和应用这些信息。与此同时，可靠的存储解决方案是必不可少的，用于保存大量的历史数据和实时数据，确保系统在任何时候都能访问和利用这些信息，从而支持高效的物流操作和决策。

（三）环境适应性

在复杂和动态的物流环境中，机器视觉和感知系统需要具备较高的环境适应性和抗干扰能力，以确保稳定运行。系统必须能够应对不同的光线条件、温度变化和物理障碍，同时过滤掉各种环境噪声和干扰。这种适应性和抗干扰能力是保证系统在各种物流场景中高效、准确操作的关键，确保物流流程的连续性和可靠性。

五、未来发展

未来，机器视觉与感知系统将朝着更智能化、更高效和更具适应性的方向发展，以下几个方面将是其主要的发展趋势。

（一）智能感知与决策

未来的机器视觉与感知系统将通过集成人工智能和深度学习技术，显著增强其感知和决策能力。这些系统将能够自主学习和适应复杂的物流环境和任务变化，进行实时数据分析和决策。深度学习算法可以使系统在处理图像和传感器数据时，具备更高的识别精度和速度。系统将能够自动识别货物类型、检测缺陷，并做出相应的操作决策，无须人工干预。这种自主感知和决策能力将大幅提升物流操作的智能化水平，确保系统在面对不同任务和环境变化时仍能高效、准确地运行。

（二）边缘计算与云计算结合

为了应对大量实时数据的处理需求，未来的机器视觉与感知系统将采用边缘计算与云计算相结合的架构。边缘计算将数据处理能力下沉到靠近数据源的位置，提高实时处理能力和响应速度，减少延迟。边缘设备可以在现场实时处理图像和传感器数据，进行初步分析和决策。与此同时，云计算将用于大数据分析和长期存储，通过强大的计算能力处理复杂的分析任务，提供深度洞察和长期优化。云计算还可以整合多源数据，进行全面分析，帮助企业优化物流流程、预测需求和规划资源。这种边缘计算与云计算的结合，不仅提升了系统的整体性能，还确保了数据处理的效率和可靠性。

（三）多传感器融合

未来的机器视觉与感知系统将集成多种传感器技术，提升系统的感知精度和环境适应性。通过融合激光雷达、红外传感器、超声波传感器等多种传感器，系统能够获取更全面的环境信息。这种多传感器融合技术，可以有效弥补单一传感器的不足，提高数据的准确性和可靠性。激光雷达可以生成高精度的三维环境模型，红外传感器可以在低光环境下检测物体，超声波传感器可以精确测距。多传感器数据的融合处理，可以帮助系统更好地了解和适应复杂的物流环境，进行更加精准的导航、避障和操作。未来，传感器融合技术将使物流系统具备更高的环境适应能力，确保其在各种物流场景中都能稳定、高效地运行。

机器视觉与感知系统在物流中的应用,通过自动化和智能化技术,提高了操作效率、准确性和安全性,显著优化了物流和供应链管理。尽管面临技术复杂性和环境适应性等挑战,但随着技术的不断进步和创新,机器视觉与感知系统将在未来物流中发挥更加重要的作用,推动行业的智能化和现代化发展。

人工智能与机器学习在物流中的应用

一、人工智能在物流行业中的应用

人工智能(artificial intelligence,AI),是人类智能理论、方法、技术及应用系统的一项新技术,是运用普通计算机程序来显示人类智能。随着智能技术的不断进步,人类的工作也逐渐随之改变,重复性工作,简单的智力劳动,比如数据录、文字表述、货物搬运、车辆驾驶等,可能在不久的将来就会被人工智能彻底取代,这不仅会给各行各业带来重大变化,而且会给各行业带来技术升级、成本降低、效率提高等一系列的效益。物流业也将是最大的受益对象之一,智能化的物流设备、智慧化的物流管理等,必将在今后的物流业中迅速发展,促使物流业全面进入智慧物流时代。

(一)人工智能技术的发展历程

"人工智能"被认为是一种可以"复制和超越人类智力"的技术,它将会给整个人类社会带来革命性的变化。自1946年第一台计算机ENIAC问世以来,人类就一直在向"人工智能"迈进。1956年约翰·麦卡锡与其他科学家启动了"达特矛斯的A暑期项目",提出了"人工智能"这一概念,使得AI学科正式诞生。1964年,美国麻省理工学院教授约瑟夫·魏岑鲍姆开发出了Eliza——全球第一个聊天机器人,它可以帮助医生去询问病人情况。之后,随着博弈论、统计学、神经科学、机器人学等学科的发展,使AI得到了快速的发展,而它的关键研究也变得越来越清晰:怎样才能像人类一样学习、沟通、感知、移物、使用工具和操作机械等。在过去的数十年里,人们不断地进行着各种各样的尝试和探索,如今的AI在许多方面都已经超过了人类,比如在 2016 年 AlphaGo 战胜韩国的李世石时，全世界都为之震撼。人工智能在影像辨识、声音辨识、资料发掘与解析、自动化等各领域，都显示出了不输于人类的智力，极大地解放了人类劳动力，提升了人类的生产力。到了 AIGC 元年的 2022 年，人们可以进行互动聊天，甚至可以创作写作的 ChatGPT 的出现更令无数人震惊，并且很快就吸引了数量巨大的用户使用体验，人工智能的发展又开启了一个新的纪元。

（二）人工智能在物流行业的应用现状

在物流领域，人工智能技术也在逐步得到应用，而且给物流产业带来了更高的效率和更高的经济效益。比如亚马逊人工智能技术已深入到了从采购、储存、运输、信息技术、智能控制等各个领域；而国内的京东物流、菜鸟、顺丰等物流企业都在积极地尝试着将人工智能技术运用到业务中去。

1. 人工智能在客户服务中的应用

现在无论是通过 PC 端还是手机端，无论是通过语音还是文字，消费者无论是在寻求售前、售中还是售后服务时，都避免不了遇到 AI 客服。在消费者还没有提出问题时，它就通过海量数据分析预设出了不少典型问题，并且给出了详细的解答，同时做到了发音清晰、文字通顺、表达流畅、回答专业。对于消费者来说，解决了人工客服数量不足、等待时间过长以及沟通过程中容易出现不良情绪等问题；对于企业来说则解决了人工客服压力大，咨询问题重复度高，咨询效率低等问题。再加上 AI 客服可以做到全年 365 天、全天 24 小时在线，对交易双方来说都是方便、快捷的沟通方式。因此，目前 AI 客服已在不少物流企业上岗，是人工客服的重要补充，但是 AI 客户能回答和处理的问题仍然有限，对于复杂问题的理解还不够准确，对客户的情绪还不能精准判断，有时单调重复的回复还会给客户带来不好的体验，甚至让客户怨声载道，影响了客户关系。

2. 人工智能在货物配送中的应用

无人机配送是一种不受地形、交通和人员限制的运输模式，随着市场竞争的加剧和即时配送需求的不断增长，无人机配送也成了国内外不少企业竞相布局的一个新赛道。2013 年 12 月，亚马逊推出了 Prime Air 的"无人送货"服务，并且定下了在 2023 年年底之前要完成 10 万次无人机送货的目标。在国内，2013 年顺丰就在东莞进行了无人机测试；2015 年京东确立了无人机项目，并且规划了干线、支线、末端配送的三级无人机物流网络；美团从 2017 年开始研究无人机配送，在 2021 年完成了首笔无人机配送订单，2022 年又投资 1000 万元在深圳成立了低空物流科技有限公司，主营无人机配送。2023 年 7 月，美团发布了第四代无人机，而且已落地了无人机航线 15 条。除了无人机，无人配送车的布局也竞争激烈。2020 年 9 月，阿里的"小蛮驴"诞生；2021 年"双 11"期间，350 多辆"小蛮驴"进入全国多所高校为师生提供省时省力的快递配送服务。京东也早在 2016 年就开始研发智能快递车，2021 年京东无人配送车在江苏常熟正式运营；2023 年 6 月，天津市河北区开放了 19.8 公里的道路供京东无人配送车运营。

3. 人工智能在仓储管理中的应用

仓储是物流的重要环节，对于整个供应链的效率，客户体验等都起着非常重要的作用。京东、菜鸟、百世等物流企业多年来一直在仓储的自动化、智能化方面不断探索，京东的"亚洲一号"仓库就是其中的代表。"亚洲一号"智能仓库中大量使用着京东自主研发的 AGV"地狼"搬运机器人，它承重可达 500 公斤，具有自主导航、感知环境、识别容器、一键归巢等功能，实现了高效率的货到人拣选，不仅大大提高了拣选作业的准确率和效率，还大大降低了员工的劳动强度和成本。而与它类似的"小黄人""小橙人"等搬运机器人已大量地在菜鸟、申通、邮政等企业的仓库、分拣中心使用，这些机器人的使用使分拣环节减少了 70% 的人力劳动。在"亚洲一号"智能仓库里还有六轴协作机械臂，它利用了 3D 视觉识别技术实现了货物的自动拣选，解决了人工拣选效率低、强度大、错误多、损耗大等问题。截至目前，京东的"亚洲一号"仓库已有 43 座，除了以上智能化设备，"天狼"机器人、智能叉车、自动分拨墙、自动打包等设备也大量使用，而仓库的"智能大脑"——智能仓储系统可以实现每秒数十亿次运算，让这些智能设备协同运作，比起普通的仓储系统，工作效率提升了 3 倍多。

（三）人工智能在物流领域的实际应用价值

作为企业的第三利润源，物流创造的时间价值、空间价值，提供的增值服务越来越被企业重视。作为提供专业化服务的物流企业要适应市场的需求，解决客户的痛点、难点问题，打通市场的堵点问题，就要把先进的理念、一流的技术、精益的管理运用到经营管理中，人工智能作为新一代信息技术在物流行业大有可为。

智能物流：机器人技术的未来

1. 客户关系的便捷管理

客户关系是企业最重要的关系。全面掌握客户信息，响应客户需求，及时提供客户服务，精准预测客户行为是每个物流企业努力的目标；信息的管理与维护、客户画像的绘制和客户的个性化定制，将会对客户的体验和客户的满意度产生必要的作用。目前使用的客户关系管理系统中还有大量需要手动操作的流程，人工智能技术可以使这些操作流程简化操作甚至完全自动化完成。而先进的智能订单则基于影像辨识技术与大数据的综合运用，可以更有效地管理从下单到结单的整个过程，使得整个过程的资讯更为即时、精确。智慧营销系统则是基于大数据分析、知识积累和深入调研的智能化购物系统，它又通过消费者行为习惯分析、市场分析等为消费者提供了更优的购物指导和决策。AI 客服是基于语音识别、逻辑推理、语音生成等新技术可以为客户提供售前、售中、售后咨询，24 小时不间断地为客户解决问题，可以有效解决人工客服不足的问题。这些技术的使用，使得客户关系的管理变得更加便捷、高效、精准，让企业在激烈的市场竞争中占得先机。

2. 供应系统的科学构建

采购供应涉及环节较多、过程较长，而且是物流企业的业务起点和供应保证及影响资金使用效率的重要环节。因此，科学采购、高效收货和质量检验、智能财务管理等，可以有效地提升供应的工作效率，减少运营费用。通过人工智能的图像识别、大数据分析和深度学习等技术，对采购中的历史数据进行分析、挖掘，寻找采购过程的内在规律，制订一个科学的采购计划，做到适度采购，适时采购，使得在满足客户需求的条件下，采购资金高效使用。在货物入库时通过识别技术，可以快速地统计出商品的种类和数量，同时运用影像技术、专家系统，能快速、有效地对商品进行品质判定，这样不仅能提高验收的速度，而且可以实行全方位的商品品质检验，防止抽样不足而产生的质量问题，验收完成后再使用无人驾驶技术、自动立体仓库系统将采购的货物快速搬运、自动上架，整个入库过程会变得更加快速、高效。因此，运用人工智能技术不但可以减少验收人数、验收时间，提高验收工作质量，节约经营费用，而且通过数据分析、预测可以大大提高整个供应系统的效率和质量，建立起一个经济高效的供应系统。

3. 储存拣选高效精准

仓储、配送是物流的重要业务环节，仓配一体化是电商物流、供应链管理等物流企业的典型运营模式。随着市场竞争的加剧，各物流、快递企业纷纷推出当日达、次日达等配送服务，为此建立了数量众多的前置仓作为支持，京东在全国就拥有1000多座仓库，但是这些限时配送服务还必须有高效精准的储配体系，智能仓库的出现，将会给整个物流业带来变革。数据分析、图像识别、机器视觉、无人驾驶等人工智能技术的使用将仓储管理变得更加高效而精准。从货物入库开始，通过图像识别、数据分析、专家系统等技术快速验收，精准确定最优储位。货物储存期间利用电脑视觉、图像识别、无人机等技术，可以快速清点品类和数目，比起手工盘点，更加高效，更加精准。利用数据分析、专家系统、自动立体化储存系统能实时监控库存情况，及时下达采购指令，并随时进行储位优化管理。当接到客户订单后，通过大数据分析，智能仓储系统下达排序最优的拣选任务，自动分拣机器人、智能分拣车、自动分拣机等设备以及佩戴有智能眼镜或穿戴设备的人员协同完成拣选任务，使得整个仓储过程精准而高效。

4. 运输配送的智能优化

运输是连接各物流节点的动脉，配送则关系物流"最后一公里"的质量，两者相连不仅关系着整个物流从主动脉到毛细血管的畅通，也影响着终端用户对整个供应链的满意程度。单一的运输方式早已不能满足市场需求，但高效、快捷的多式联运又涉及多领域、多部门的协同，存在着较大的难度。智能运输平台通过数据分析、预测，利用海量的数据处理能力，快速匹配不同的运输方式和运力，并且规划出最优的路线及更加实时可靠的解决方案。智能驾驶、无人驾驶技术不仅能为各种运输工具的司机提供更加可靠的保障，而且可能使运输的运营成本降低许多。而对于保温、冷藏等具有特殊功能的运输工具，则能实时监控温度、调节温度，保证货物新鲜。终端配送则要根据城市、农村及学校、商业区、住宅区等不同区域的情况和物流需求，运用智能化的物流设施与解决办法，以有效地改善物流企业的"终端"服务品质和服务效能。利用AR智能眼镜为配送人员提供规划好的路线，快速寻找配送货物；在人员较多的住宅小区设置智能快递驿站，解决收送双方时间不对称问题；基于图像识别与数据分析的智能机器人可以为顾客完成送货服务。

二、机器学习在物流行业中的应用

随着科学技术的不断发展，当今世界正掀起新一轮的产业革命。物流作

智能物流：机器人技术的未来

为国民经济发展的基础产业和重要动脉，正面临着产业转型升级。传统的物流模式已不能满足人们日益增长的需求，物流正朝着自动化、智能化方向发展，智能物流的概念随之诞生。自动识别、人工智能、数据挖掘等技术为智能物流的发展提供了强大的驱动力。其中在人工智能的研究中，学习被认为是一个关键的特征，机器学习也成为人工智能的重要分支。通过研究和构建能够学习的系统，可以让机器更加智能。百度的无人驾驶、京东的无人配送车就是很好的证明，通过机器学习，人工智能系统能够达到更高的水平。

（一）机器学习与物流

1. 机器学习

机器学习作为人工智能领域的核心，它通过仿生学原理，模拟人类的思维，使计算机有了模拟、自主学习的能力。机器学习具有学习精度高，适应性强的特点。机器学习被广泛应用于各行各业，如金融、电子商务、医疗、交通、制造等领域。在机器学习中，根据学习任务的不同，可以分为监督学习、无监督学习、半监督学习和强化学习。监督学习的训练数据包含类别信息，在垃圾邮件检测中，训练样本包含电子邮件的类别信息：垃圾邮件和非垃圾邮件。在监督学习中，典型的问题是分类和回归，典型算法是Logistic Regresion、BP神经网络算法和线性回归算法。与监督学习不同，无监督学习在训练数据中不包含任何类别信息。在无监督学习中，典型的问题是聚类，代表算法有K-means、DBSCAN等。监督学习和无监督学习是两种使用较多的学习方法，而半监督学习是监督学习和无监督学习的混合体。强化学习又称为增强学习，是一种从环境状态到行为映射的学习，目的是使动作从环境中获得的累计回报（奖励）值最大。在监督学习中，比如分类问题，最好的结果就是人类的标注水平，这是一个上界。而强化学习可以在环境中探索，最终可能超过人类。

2. 智能物流

与传统物流相比，智能物流实现了由机器代替人力的模式转变。它采用条形码技术、无线射频技术（RED）、电子数据交换技术（EDD）、全球定位技术（GPS）、地理信息技术（EDD）等物联网技术，实现货物运输、仓储、配送、包装、装卸搬运流通加工等环节的智能化操作，使货物从始发地运往目的地，满足客户的需要。智能物流具有自动化、无人化、信息化等特点，是当今现代物流的主要发展趋势。

（二）机器学习在智能物流研究中的应用

1. 机器学习在智能仓储研究中的应用

仓储是对货物进行储存、保管，是连接生产、供应、销售的中转站。仓储现代化对降低物流成本，提高物流效益具有重要意义。近年来仓储无人化、自动化，已经成为众多物流企业发展的一个趋势。京东新建的"亚洲一号"仓库，应用自动化立体仓库，对货物进行自动存储、自动分拣，大大提高了货物的出入库效率。在智能仓储中基于机器学习的智能分拣系统、智能仓库规划选址，一直是学者们研究的重点。

2. 基于机器学习的智能分拣系统

随着电子商务的发展，中国已经迈入世界超级快递大国。根据全国邮政管理工作会议统计，2022年中国快递业务量累计完成1105.8亿件，平均每天产生3亿件。如何对这些快递进行快速分拣，尤其是在每年的"6·18""双11""双12"等活动时，快速分拣成为当今快递业急需解决的问题。目前对快件分拣主要采用手工分拣和机器分拣两种方式。手工分拣效率低下，而且差错率高；同时人工成本也高，直接增加物流成本。利用自动分拣机器人对货物进行分拣已成为目前的一种发展趋势。分拣机器人通过学习建立自动抓取系统，快速精准抓取货物。

3. 基于机器学习的智能仓库规划设计

仓库的规划设计主要包括仓库选址和仓库布局。仓库选址是一个复杂过程，不仅要考虑地理位置、交通条件，还要考虑整个地区的经济条件、人口密度，而且各个因素还存在交叉的效果。面对众多符合要求的物流网点，选址正确与否直接关系整个物流公司后期的经济效益。另外，仓库布局的一个重要工作是确定合理的库存水平，库存合理化直接影响物流企业的仓储成本。随着市场经济的发展，消费者的需求也随着波动。为了满足消费者的偏好，获取竞争优势，企业要不断调整产品特性。企业面临的数据呈指数化增长，无法挖掘有效信息，只能保持较高库存量，以避免缺货，结果导致企业物流成本过高。传统的研究方法已不能满足此问题的研究，随着大数据、云计算等信息技术的发展，机器学习逐渐走进人们的生活。机器学习可以快速处理海量数据，完成正确决策。

（三）机器学习在智能运输研究中的应用

运输作为物流的重要功能，运输的速度直接关系整个物流的服务质量。运输智能化就是将先进的信息技术、计算机技术、数据通信技术、传感器技术、人工智能等学科成果综合运用于交通运输、服务控制和车辆制造，加强了车辆、道路和使用者之间的联系，从而使运输活动更准确、高效。在智能运输中，机器学习主要应用于交通流预测与分析、车辆调度问题研究。

1. 基于机器学习的交通流预测与分析问题研究

随着城市化进程的加快，居民汽车拥有量不断增加，道路拥堵、交通事故时有发生。交通流预测和分析作为智能交通领域中最重要的一环，直接决定了智能交通系统的性能表现以及适用范围。一个优秀的预测模型，不仅使出行者能合理地安排自己的出行方式，出发和到达时间以及路线，节省不必要的时间浪费，提高工作生活效率，而且可以让政府服务部门及时了解和预测路况信息，对可能发生的道路拥堵和交通事故提早做出预判，减轻社会负担，合理配置社会资源。传统的交通流量和出行时间预测模型主要集中在基础统计方法的应用上面。该类方法主要适用于样本数量小以及数据结构简单的传统型数据。然而随着数据采集能力攀升，以及人们对数据科学机器学习领域的不断提升的需求，传统预测方法对于数据量大、复杂度高的大数据问题，其表现会严重受制于数据噪声以及突发事件的影响。针对这些问题，可以利用机器学习方法的特点，将装袋方法与提升树模型相结合，通过组合若干个复杂度不那么大的模型来降低泛化方差，从而提升最终的交通预测效果。

2. 基于机器学习的车辆调度问题研究车辆优化调度问题

作为一个典型的 NP（Non-deteministie Polynomial）难题，应用纯粹的数学方法难以求解。随着智能优化技术的发展，越来越多的研究人员利用机器学习方法做出决策和判断，以使运输总费用最低，效益最大。针对物流中的车辆路径优化等问题，学者们根据机器学习的特点，改进传统的求解方法。胡智超利用机器学习对电商平台用户的操作数据进行分析建模，设计了一种基于 K-medoids 动态聚类混合拓扑结构的粒子群算法，用以求解物流配送路径优化问题。该算法很好地跳出局部最优解，并快速收敛于全局最优解。

（四）机器学习在智能配送研究中的应用

物流的最后环节是配送，把货物安全、准时地交到客户手中，直接影响着客户的物流服务体验。然而进小区难、客服分散、送货时间冲突、农村物流落后等问题一直困扰着物流企业。近年来，无人机、无人车的研究一直是社会的热点，它们的出现在一定程度上解决了"最后一公里"的难题。

1. 基于机器学习的无人机物流

说到无人机物流，很多人可能会认为规模化落地仍比较遥远。但事实上，近年来，顺丰、京东、美团等代表性企业已在多地开展了支线、末端无人机物流配送试点。特别是在医疗样本运输、生鲜配送等业务场景中，部分企业已经开始商业运营。无人机与其他大多数机器不同，它们可以高速穿越极其复杂的环境。加州理工学院的一个工程师团队开发了 Neumal-Fy，这是一种深度机器学习方法。它根据无人机着陆时的位置和速度，修改其着陆轨迹和旋翼速度，以补偿旋翼从地面的反冲，尽可能实现平稳着陆。

2. 基于机器学习的无人车

无人车即无人驾驶，给车装上各种各样的传感器，让它能够自己了解周围的环境。在遇到障碍物或行人时，它会选择最优路线，自动完成转弯、倒车退让等动作。无人车主要采用了机器学习算法，电控单元中的传感器数据处理大大提高了机器学习的利用率，也有一些潜在的应用，比如利用不同外部和内部的传感器的数据融合（如激光雷达、雷达、摄像头或物联网），评估驾驶员状况或为驾驶场景分类等。相比传统快递取件，无人车派送快递更具智能化、高效性。目前无人车已经开始应用在人员流动性较大的酒店、写字楼、商场、学校。当无人配送车到达指定地点后，就会给收件人发信息。收件人只需通过手机扫码，就可以打开柜子取件，实现无接触智能配送。

第四章　系统集成与运作模式

在现代物流行业中，系统集成与运作模式的优化是提升效率和降低成本的关键。随着科技的迅猛发展，物流行业逐步向自动化和智能化方向迈进。自动化仓库管理系统、机器人与信息系统的整合以及物流中心的自动化运作流程，已经成为推动物流企业实现高效运营的重要手段。本章将深入探讨这些核心技术和运作模式的应用，通过自动化系统的实施和智能设备的协同工作，揭示其如何改变传统物流运作模式，提高物流服务的质量和效率。同时，探讨这些技术在实际应用中的挑战与未来发展方向，为企业的物流管理提供了有力的参考和借鉴。

自动化仓库构成

自动化仓库管理系统是现代物流行业的重要组成部分，通过先进的技术和智能设备，实现仓储管理的自动化、信息化和智能化。这种系统不仅能够大幅提高仓库运营效率，减少人工操作的错误，还能优化库存管理和资源配置，提升整体物流服务的质量和可靠性。自动化仓库管理系统集成了自动化仓库、AGV 搬运机器人、智能分拣系统等多个先进技术模块，确保货物从入库、存储、到出库的全流程高效运行。

一、自动化仓库概述

（一）自动化仓库的定义与分类

系统自动化的别称为高层货架、自动存取系统（Automatic Storage and Retrieval System，AS/RS），在计算机的管理下，能够将堆机、AGV 等设备进行联合，全面实现系统的自动化存取管理设备和仓储管理系统。

自动化仓库在搬运的过程中能够实现搬运和科学仓储的全面综合工程，通过以高层货架作为搬运标志，并以先进的设备进行搬运，通过借助计算机控制系统为其进行合理的安排，实现时间、空间和人力作业等的合理安排。将机械、电子、计算机和网络等技术进行结合，能够节省成本和劳动力，在工作的响应方面做到准确和迅速。同时集中物流系统对其进行企业管理，使中心环节得到完善并将企业的制造系统和现代集成系统进行重要部分的提供。

（二）自动化仓库发展历史与现状

随着物流技术的快速发展，自动化的仓库管理系统也越来越重要，人们对其加深了解和研究，并通过对仓库立体化的发展进行应用。许多国外的发达国家，已经对其进行大量的开发和应用。自动化的发展过程可以大体划分为以下几个流程：

第一，主要依靠工人进行搬运。在20世纪60年代前，仓库中的任何一步操作都离不开人工的运作，所有的操作、运输、储存和管理都是由人来完成，虽然直接经过人的手，使其操作更为直观和具体，但是工作效率较低，而且管理起来较为复杂。

第二，这一阶段开始借助机器进行搬运。20世纪60年代时，第一代机器立体仓库管理系统建成，操作人员可以实现对机器简单的控制，帮助人们完成物资的运输和存取等操作。这一变化使得机械化的操作变成了现实，降低了工人的操作强度，降低了劳动成本，在一定程度上节约了成本，提高了工作效率。

第三，自动化仓储阶段。在20世纪70年代后期，科技发展得到了提高，立体化仓库的研究也越来越多，为了能够使其操作更为方便，促进立体化仓库的发展，因此人们逐渐增加了对自动化设备的应用。比如，将AGV、堆机和自动识别系统纳入其中，在计算机技术的帮助下，逐渐完成了系统操作自动化使得立体仓库的管理和发展又提高了一个新的层次，使其工作效率大大提高，从而加速了物流技术的发展，为整个社会和经济带来了巨大的变化和利益。

第四，集成化仓储系统。在20世纪80年代末，随着工业技术的不断发展，现代工业的产业也逐渐增多，对于自动化集成技术的要求也越来越高，工厂要对仓储技术进行实时考察并不断改进，通过信息流对其进行对比，以保证自动化技术能够应用到最新的技术中，因此，整个自动化的立体仓库中也完成了其集成系统的计划，使得仓库在运作起来有条不紊，使其总体效益产生了更大的提升。

第五，到了20世纪90年代后，随着自动化仓储系统的不断发展和完善，加上智能化信息的不断普及应用，自动化仓库也进入了智能操作阶段。

我国的仓储自动化系统发展较晚，直到20世纪80年代才逐渐有少数企业建立起自己的自动化仓库。由于当时的科技发展，仓库的研究和分析都处于较为薄弱的阶段，因此其自动化发展程度也较为一般，随着市场经济的发展和科技的不断进步，我国在此方面不断借鉴外国的先进技术，并自我开发，将我国的自动化仓库技术不断进行完善。目前，我国将自动立体仓库管理的性能和产品开发放在第一位，使仓库的研究更为实用和安全。

为了能够使系统发展更为完善，自动化仓库管理的发展则逐渐朝向大规模、极速反应的方向发展。

（三）自动化仓库的特点

由于其独特的优势和特点，当今社会对自动化的应用已经逐渐开展，主要表现在以下几个特点：

能够充分将生产和库存进行衔接，使企业的生产和管理水平得到提升。自动化仓库通过不断变化仓库内的商品，同时能够将生产环节与其进行有机结合，并且在原材料的选择、产品的制作和缓冲等功能上进行调节，是生产过程的核心，并参与整个过程中的管理，有效地减少了库存的挤压，提高了管理水平。

不断提高对产品的存取速度，减轻劳动力强度，并提高生产率。在整个物流系统环节内，存入和取出的效率占据着重要的环节，自动化仓库从出库能力方面进行提高，能够将货品更加准确地进行存储和管理。能够合理地将原材料放置到指定区域。同时，该种操作方式能够大大地减少劳动力强度。具体表现如下：

1.通过使用堆垛机，使人工搬运更为便利，能够大大地提高工作效率。

2.对货品进行计算机管理，提高了对货品的管理能力，对各种信息的掌握和处理也更为准确，避免了人工操作过程中的误差出现，加快了资金的流动，使仓库管理更为人性化，增加了企业效益。

3.对仓库实行科学化和自动化的管理，不但能够减少对人员的使用，还能够减少雇用劳动力所需要的支出；既节省了企业的开支，又使劳动力得以剩余，全面改善了系统的工作环境，从而增加了收支。

帮助企业在生产调度和决策上取得了可靠的依据，自动化仓库的管理在整个企业的信息管理系统中占据了重要的地位，相关部门根据其所发表的内部生产计划和相应活动的制定，来不断完善和改变信息的管理。由于仓储信息能够及时准确地表达，使企业的管理者们能够对企业的信息掌握得更加准确和及时，以便于针对不同的情况作出相应的改变。

自动化仓库能够将生产的各个环节进行关联，使其成为密不可分的整体，从而帮助企业进行更加有效的生产，使生产能够极大限度地完成，实现了科学化管理模式，使企业逐渐走向现代化。

二、仓库设备构成

（一）控制器

控制器主要由自动化仓库服务器和备份服务器组成，细化后又分为多台小型计算机，分别进行分级控制，这样不仅有利于快速实时化处理信息，而且能最大限度地保障仓库运行的连续性，即便其中一台计算机发生故障，其他的计算机也仍然会继续保持正常作业，不会出现中断的情况。控制器可以说是自动化仓库的核心控制部分，相当于人的大脑，通过仓库控制系统实现物料配送以及调度需求，设计监控调度系统，可发挥出协调的作用。

通过监控系统来调度各个设备的运行方向、运行路径与运行任务，使其进行物资配送与搬运工作，依照仓储管理信息系统提出的作业命令，监控调度系统遵循合理配合与保持最短运行时间的原则确定作业先后顺序，进行优化组合，将优化调整后的作业命令输送给各个控制系统，实时监控主运行设备、作业信息与作业进程。

（二）机器人

机器人在存取物料中有着重要的作用，可在任意时间将物品送到任意位置，能够在接收到控制器的指令后，自主独立地进行导航，系统算法计算后通过网络传输指令给机器人，确定机器人的行动路径，利用导航系统指示运送货品到目的地。值得注意的是，在这种立体网格式自动仓库模式中，如果所需存取的物料位于网格的底层，则需要机器人进行挖掘处理，先将上部料箱移开，在完成指定料箱的存取动作之后，还要将移开的料箱归位。机器人接收控制器发出的信号，获取料箱的位置信息，执行存取操作，对应料箱位置的存货信息随之改变。

（三）Port输送机及端口

当有物料需要放入自动化仓库或从自动化仓库中提取物料时，机器人将料箱从自动化仓库送入端口缓冲区，Port输送机负责将料箱送入端口，操作人员可以对料箱进行操作将物料放入料箱或从料箱取出物料，然后Port输送机将料箱送回缓冲区，机器人便可以将料箱送回自动化仓库。

三、自动化仓库的软件

（一）自动化仓库控制程序

自动化仓库客户控制程序是一种供超级用户使用的应用程序，操作人员可以通过人为控制程序对自动化仓库设备进行操作和维护。操作人员可使用客户控制程序来检查机器人和Port等各种不同的自动化参控部件的配置和性能。对部件进行维护也需要通过自动化仓库客户控制程序来控制部件的操作，比如对机器人的维护和检测需要通过自动化客户控制程序，将机器人状态设置为维修状态并移到维修区。安全方面，自动化仓库运行时，操作人员进入自动化仓库及机器人出入自动化仓库分别需要经过维修门和机器人：自动化仓库系统运行时，两个门必须处于关闭状态，如果要打开，都必须通过自动化仓库客户控制程序来打开这两个门，打开的同时系统停止运行，此时操作人员方可进入自动化仓库内进行检查维修。

（二）仓库管理系统

自动化仓库的运作离不开仓库管理系统，仓库管理系统通过信息技术完成仓库的各项业务，如采购入库、生产入库、生产领料、销售发货等，并与当前的企业信息管理系统协同运行，完成与仓库相关的信息管理与控制。

控制系统易于测试，维修与检查都可便捷进行。通过电子计算机可向仓库物资储备、发送与订货以及作业定额管理工作提供必要的信息，监督与指挥仓库的作业组织、作业手段、作业人员。另外，通过计算机实现对仓库的控制，还可解决手工管理台账的问题，将仓库的各种数据资料与账目信息存储到计算机中，在有使用需要时立即将其调出，信息不会产生差错，可针对仓库的情况进行分析，快速掌握仓库的库存信息，及时降低库存量，提升货物的流通速度，保障自动化仓库的生产效益。

自动化仓库管理系统主要有以下 4 个功能。

1. 向控制器发送信号，通知控制器将指定的料箱送到指定的端口。
2. 向控制器发送信号，通知控制器将停放在端口的料箱送回立体网格内。
3. 记录每个料箱内的物料信息，如物料号、批号数量、入库日期。
4. 支持仓库的日常业务，如采购入库、生产入库、生产领料、销售发货、库存移位、盘亏盘盈的调整等仓库的日常业务。

在调度这些业务时会将需要的料箱调度到端口。以采购入库的操作为例，通过计算查找出空的料箱，并向控制器发出调取料箱到指定端口的指令，待控制器将料箱调到端口后，操作员将物料放入料箱，并在仓库管理系统内点击完成放料的操作，仓库管理系统会向控制系统发出将料箱放回网格的指令，同时仓库管理系统会与企业信息管理系统交互将采购入库的信息传入企业信息管理系统，完成入库操作。自动化仓库的管理系统还肩负性能优化的任务。由于系统是立体网格，前一天计算出第二天需要的销售发货或生产领料的物料，并在夜间将需要的物料先移到上层，第二天操作时会大大缩短提取物料的时间，提高了运行效率。针对物料的尺寸规格大小不一、相差悬殊的情况，每个料箱可以设置隔板，将一个料箱分割为 2~16 个分料箱。同一个料箱内的多个分料箱如果存储的物料活动频率不一样，会导致每天需要移动的料箱过多，自动化仓库的自动计算可以在做入库时，将相同活动频率的物料放在同一个料箱内，这样减少了料箱无效移动的次数，提高了系统的运行效率。

自动化仓库管理系统代表了现代物流行业的技术前沿，通过集成先进的技术和智能设备，实现了仓储管理的全面自动化、信息化和智能化。自动化仓库的发展历程从人工操作到机械化、再到自动化和智能化，展示了科技进步对物流行业的深远影响。当前，自动化仓库已成为物流企业提升运营效率、优化资源配置和增强竞争力的重要工具。其特点如高效地存取操作、降低劳动力成本、改善工作环境和提高管理决策的准确性，使得企业在物流管理中能够更加精准和高效地运作。未来，随着技术的不断进步和完善，自动化仓库管理系统将继续在全球范围内得到广泛应用和发展，为物流行业带来更多的创新和变革。

机器人与信息系统的整合

物流机器人与信息系统的整合是现代物流管理中至关重要的一环。随着科技的快速进步,机器人技术和信息系统在物流行业中的应用越来越广泛,二者的有效整合不仅提升了物流操作的效率和准确性,还显著优化了资源配置,降低了运营成本,增强了企业的竞争力。

一、整合的必要性

(一)提高效率和准确性

物流操作涉及大量重复性和复杂性任务,如分拣、搬运、包装和配送等,这些任务不仅耗时费力,还容易受到人为因素的影响,导致效率低下和错误频发。物流机器人通过自动化操作,可以显著提高这些任务的效率和准确性,减少人为错误,从而优化物流流程。

1. 分拣阶段

传统的手工分拣不仅耗时长,而且差错率高,特别是在处理大量订单和复杂货物时更是如此。物流机器人通过使用机器视觉和传感器技术,能够快速识别和分类货物,精确地将货物分配到正确的存放位置或配送路径。机器人能够连续不间断地工作,不仅提高了分拣速度,同时其高精度的操作减少了错误率,确保了每件货物都能准确无误地送达目的地。

2. 搬运环节

人工搬运不仅效率低,而且在处理重型或大宗货物时,还存在一定的安全风险。物流机器人,尤其是自动导引车(AGV)和无人搬运车(AMR),通过预设的路径和智能导航系统,可以高效地完成货物搬运任务。机器人能够根据实时的仓库布局和货物存放情况,自主规划最佳路径,避免拥堵和碰撞,提高了搬运效率和安全性。同时,机器人的高负载能力和稳定性,减少了货物搬运过程中的损坏和丢失。

3. 包装环节

人工包装不仅费时，而且容易出现包装不当、标签错误等问题，影响货物的整体质量和物流效率。物流机器人通过自动化包装设备，如自动封箱机、贴标机等，能够快速、准确地完成各类包装任务。机器人可以根据货物的形状和尺寸，自动调整包装方式，确保每件货物都能得到适当的保护。同时，自动化的包装流程减少了人工干预，降低了包装错误的发生率，提高了整体包装质量和效率。

4. 配送环节

物流机器人，尤其是无人配送车和无人机，通过智能调度系统和路径规划算法，可以高效地完成配送任务。机器人能够根据实时的交通状况和配送需求，自动选择最佳配送路线，避免交通拥堵和延误。同时，机器人的高精度导航和避障能力，确保了配送过程的安全性和准确性。自动化的配送流程不仅提高了配送速度，还减少了配送错误，提升了客户满意度。

（二）优化资源配置

优化资源配置是物流管理中的关键任务，而信息系统与机器人系统的整合，使这一目标得以高效实现。信息系统通过实时监控和管理库存、运输、配送等环节的数据，提供全面、准确的物流运作信息。机器人系统则通过自动化操作，执行具体的物流任务。两者的整合，不仅能够提升各环节的效率，还能实现资源的最优配置，减少浪费和过剩。

在库存管理方面，信息系统能够实时监控仓库内货物的数量、位置、状态等信息，形成精准的库存数据。通过与机器人系统的整合，信息系统可以指挥机器人自动进行货物的入库、出库和调拨操作。当库存达到预警线时，系统会自动触发补货指令，机器人随即执行货物搬运和上架操作，确保库存水平始终处于合理范围。这样的实时监控和自动化操作，避免了人工操作中的延迟和错误，减少了库存积压和短缺现象，提高了仓储空间的利用率。

在运输环节，信息系统通过实时采集和分析运输车辆的运行数据，包括位置、速度、载荷等，优化运输路线和调度计划。通过与机器人系统的整合，信息系统可以指挥无人驾驶车辆或自动导引车进行高效的货物运输。系统根据实时交通状况和运输需求，动态调整运输计划，避免交通拥堵和资源浪费。当某条运输线路发生拥堵时，信息系统可以立即重新规划路线，并指挥机器人系统执行新的运输任务，确保货物能够准时送达目的地。这样的动态调整和优化调度，提高了运输效率，减少了运输成本和能耗。信息系统通过实时监控配送任务的执行情况，协调各类配送资源的使用。通过与机器人系统的整合，信息系统可以自动分配和调度无人配送车或无人机执行"最后一公里"配送任务。系统根据实时的订单数据和配送需求，合理安排配送路线和时间，避免重复配送和空载运行。当某个区域的配送需求突然增加时，信息系统可以及时调度附近的无人配送车进行增援，确保配送任务能够高效完成。这样的精细化管理和自动化操作，提升了配送效率，减少了配送延误和资源浪费。

信息系统与机器人系统的整合，还能实现物流运作的全流程优化。通过对各环节数据的综合分析，信息系统可以识别出物流流程中的瓶颈和低效环节，并提出改进方案。系统可以分析货物在仓储、运输和配送各环节的停留时间，找出延误的原因，并优化相关操作流程。同时，机器人系统通过自动化操作，迅速执行优化方案，确保物流流程的高效运转。这样的全流程优化，不仅提升了整体物流效率，还减少了资源的浪费和过剩。

（三）降低运营成本

通过引入机器人技术和信息系统，物流企业能够显著减少人工成本和劳动强度，同时优化管理流程，降低库存和运输成本，提高整体运营效率。

机器人在物流操作中可以代替人工完成大量繁重和危险的任务。比如，在仓库管理中，机器人可以执行货物的搬运、分拣、包装等重复性和体力要求高的工作。这不仅减少了对人力的依赖，还降低了因人工操作导致的失误和货物损坏风险。机器人可以全天候不间断地工作，提升了操作效率，减少了人工排班和加班费用。此外，机器人可处理有毒有害物品和应对高风险环境（如高温、高湿度、低温等），能够有效保障员工的安全，降低工伤事故的发生率和相关赔偿成本。

信息系统通过优化管理流程，能够显著降低库存和运输成本。在库存管理方面，信息系统实时监控库存状态，准确记录货物的进出库情况和库存水平，通过数据分析预测未来需求，避免库存积压和缺货现象。优化的库存管理不仅减少了库存占用的资金成本，还降低了仓储空间的使用费用。信息系统还能根据库存数据，自动生成采购计划和补货指令，减少因人工判断错误导致的过量采购或采购不足，从而提高采购效率和准确性。

在运输管理方面，信息系统通过实时采集和分析运输数据，优化运输路线和调度计划，减少运输成本。系统可以根据实时交通状况和运输需求，动态调整运输路线，避免交通拥堵和空载运行，降低油耗和车辆维护费用。通过合理调度运输资源，系统能够最大化车辆的载货量，减少单次运输成本。此外，信息系统还能整合不同运输方式（如公路、铁路、航空等），选择最经济高效的运输方案，进一步降低运输费用。

此外，随着技术的不断进步，机器人和信息系统的应用成本也在逐步下降，使更多企业能够负担得起这些先进技术使用费用，进一步推动物流行业的现代化和智能化发展。通过持续优化和创新，物流企业可以不断提高运营效率，降低成本，实现可持续发展和竞争力的提升。

（四）增强竞争力

在市场竞争激烈的环境下，物流企业需要通过技术创新提升服务质量和运营效率，从而增强竞争力。机器人与信息系统的整合能够提供高效、准确和灵活的物流服务，显著提升客户满意度和企业竞争力。自动化机器人处理大量重复性和体力要求高的任务，如分拣、搬运和包装，减少了操作时间和人为错误。信息系统通过实时监控和数据分析，优化操作流程，提高了各环节的协调性和连贯性，实现了高效的物流服务，缩短了交货时间，提升了客户满意度和市场响应速度。此外，信息系统能确保每一环节的精确操作，机器人在执行任务时能够准确识别和处理货物，减少了货物损坏和丢失的风险，增强了客户对企业服务的信任度。灵活的配置和调度使机器人能够快速响应信息系统的指令，及时调整物流策略和操作方案，适应动态变化的市场环境，提高服务的适应性和竞争力。高效、准确和灵活的物流服务，提供了快速、可靠的货物交付体验，提升了客户满意度和企业形象，展示了技术领先地位和创新能力，吸引了更多客户和合作伙伴，增强了企业在行业中的话语权和影响力。通过不断优化和创新，物流企业可以持续提升服务质量和运营效率，增强市场竞争力，在全球化和数字化浪潮中取得成功。

二、实现方法

（一）数据集成与共享

数据集成与共享是物流机器人与信息系统整合的核心，通过将两者的数据进行无缝集成和实时共享，实现了高效、准确的物流操作和管理。仓库管理系统（WMS）和运输管理系统（TMS）与机器人系统的集成，使得货物的入库、出库和配送等操作能够更加顺畅和高效，从而提升整体物流效率和服务质量。

物流机器人能够实时获取物流操作的相关数据，精准地执行任务，而信息系统通过实时监控机器人的运行状态，确保操作的连续性和安全性。数据集成与共享消除了"信息孤岛"，促进了物流操作的无缝衔接，实现了信息的实时同步和共享。通过全面分析集成数据，企业可以优化各环节的操作策略，提高仓库空间利用率、运输路线和车辆调度，降低成本和能耗。总之，数据集成与共享不仅提高了物流操作的效率和准确性，还为优化和决策提供了坚实的数据基础，推动了物流行业向智能化和高效化方向发展。

（二）统一控制平台

建立一个统一的控制平台，通过信息系统对机器人进行集中控制和管理，是物流机器人与信息系统整合的重要步骤。该平台能够实时获取并处理各类运行数据，包括机器人的位置、速度、任务状态和工作环境信息，全面了解每台机器人的运行情况并及时发现和处理潜在问题，从而避免操作中断或货物损坏。统一控制平台通过对实时数据的分析，智能地分配任务和优化路径规划，提高了操作效率和资源利用率，减少了机器人在仓库中的移动距离和时间。此外，集中管理模式提高了物流操作的安全性，实时监控和预判潜在风险，迅速调整行驶路线避免碰撞和损坏。平台还具备强大的数据分析和预测功能，能够预测未来操作需求和潜在问题，并进行前瞻性的管理和优化，通过分析机器人的运行数据，提前安排和调整任务，提高高峰期的操作效率和应对能力。总之，统一控制平台为物流操作的高效、安全和智能化提供了有力支持，推动了物流行业向现代化和智能化方向发展。

（三）智能算法与人工智能

通过机器学习和数据分析，智能算法能够识别物流操作中的模式和规律，预测未来订单需求，优化库存管理和配送计划，减少库存成本和浪费。智能算法还能优化仓储管理中的货物存储位置和路径规划，减少搬运时间和能耗，同时在运输管理中优化行驶路线和调度计划，避免交通拥堵和延误，提高运输效率。人工智能技术提高了机器人在复杂环境中的自主决策能力，整合多种传感器数据，实时感知环境，识别障碍物并选择最优路线，避免碰撞和误操作。此外，人工智能技术还可进行实时监控和异常检测，及时发现并处理物流操作中的异常情况，确保操作连续性和稳定性。智能算法与人工智能技术不仅提升了操作效率和准确性，还为企业决策提供了有力支持，通过数据分析提供全面的业务洞察，帮助企业制定科学的运营策略。随着技术的不断进步，智能算法与人工智能在物流行业中的应用将越来越广泛，为物流企业带来更多创新和发展机遇。

（四）物联网技术

物联网技术在物流中的应用，通过将物流机器人和信息系统连接起来，实现设备间的互联互通和数据共享，显著提高了系统的智能化水平。通过传感器和通信技术，物联网能够实时监控和反馈物流操作中的各项数据，为物流管理提供全面、实时的信息支持。安装在物流机器人上的各种传感器，如温度传感器、湿度传感器、位置传感器和加速度传感器，实时采集运行数据，并通过无线通信技术传输到信息系统，确保全面了解机器人运行状态和环境条件。物联网技术提高了物流操作的透明度和可控性，管理人员可以实时监控仓储、运输和配送等环节。温湿度传感器实时监控仓库环境条件，确保易腐货物或医药产品的存储安全；GPS 和 RFID 技术实时跟踪运输车辆和货物位置，确保货物按时、安全送达。物联网增强了物流系统的智能化水平，通过实时数据采集和分析，实现智能化决策和控制，如动态调整运输路线和调度计划。物联网技术还提高了物流操作的安全性和可靠性，实时监控和响应潜在安全隐患，确保操作的连续性和安全性。总体而言，物联网技术通过设备互联和数据共享，提升了物流操作的效率、透明度、安全性和智能化水平，推动了物流行业向智能化和高效化方向发展。

物流机器人与信息系统的整合，是实现物流行业智能化和现代化的关键路径。通过有效的整合，物流企业能够显著提升运营效率、降低成本、优化资源配置，并增强市场竞争力。随着技术的不断进步和应用的深入，物流机器人与信息系统的整合将为物流行业带来更多创新和变革，推动其向更加智能化和高效化的方向发展。

物流中心的自动化运作流程

在现代物流中心，自动化运作流程是提升运营效率、减少错误和优化资源配置的关键。通过集成先进的技术，如条码扫描、RFID、自动化检测设备、AGV、AMR 和机器人系统，物流中心实现了从货物接收、存储管理、订单处理到出库、运输和退货处理等全流程的智能化管理。这不仅提高了物流操作的效率和准确性，还降低了运营成本，提升了服务质量和客户满意度。以下将详细探讨物流中心各环节的自动化运作流程，展示如何通过技术创新实现高效、可靠的物流服务。

一、入库流程

（一）货物接收与检验

1. 自动识别与记录

在现代物流中心，自动识别与记录是入库流程中的关键环节。利用条码扫描和RFID技术，物流中心能够高效、准确地完成这一环节的任务：

（1）条码扫描技术。条码扫描是目前应用最广泛的自动识别技术之一。每件货物在生产、包装时都被赋予了唯一的条码，这个条码包含了货物的详细信息如数量、规格、生产日期和到货时间等。在货物接收时，工作人员或自动化设备使用条码扫描器快速扫描货物上的条码。扫描器通过光学识别技术读取条码信息，并将数据传输到仓库管理系统（仓储管理系统）。这种方法不仅提高了信息录入的速度和准确性，还减少了人工输入的错误风险。

（2）RFID技术。相比条码扫描，RFID（射频识别）技术具有更高的效率和更大的数据存储容量。RFID标签内嵌有微芯片，通过无线电波与读写器进行通信，能够在不接触货物的情况下读取标签信息。RFID标签可以被批量读取，大大提高了信息采集的速度。一整托盘货物经过RFID读写器时，系统可以瞬间读取所有标签信息，并将这些数据传输到仓储管理系统中。RFID技术不仅加快了货物识别的速度，还能在更复杂的环境中工作，如高湿度、高温或冷库等。

（3）自动记录系统。在条码扫描和RFID技术的支持下，自动记录系统能够实时更新货物的详细信息。每当新货物到达，系统就会自动记录数量、规格、到货时间以及供应商等信息，并将这些数据与已有库存信息整合。这种实时更新的能力，确保了库存数据的准确性和及时性，有助于仓库管理人员进行有效的库存控制和资源调配。

2. 质量检验

在物流中心，质量检验是确保入库货物符合标准、减少后续操作中出现问题的关键步骤。自动化检测设备在这一环节发挥着重要作用：

（1）自动化检测设备。现代物流中心配备了各种自动化检测设备，如光学检测仪、X射线检测设备和机器视觉系统。这些设备能够对货物进行全面的质量检验，包括外观检测、尺寸测量、重量检测和内部缺陷检测等。光学检测仪通过高精度相机和图像处理技术，检测货物外观上的瑕疵，如裂纹、污渍和标签错误。X射线检测设备则能够识别货物内部的缺陷和异物，确保货物的完整性和安全性。

（2）智能检测系统。智能检测系统集成了多种检测设备，并通过人工智能和机器学习技术对检测结果进行分析和判断。系统能够自动识别不同类型的货物，并根据预设的标准进行评估。对于易碎品，系统会重点检测包装的完好性和货物的结构稳定性。对于食品和药品，系统会检测包装密封性和标识的清晰度。检测结果实时反馈到仓储管理系统中，系统根据检测结果决定是否允许货物入库，或采取进一步的处理措施。

（3）数据记录与追溯。自动化质量检验设备的检测结果会被详细记录，并存储在仓储管理系统中。这些数据不仅可以用于当前的质量控制，还可以用于未来的追溯和分析。当出现质量问题时，管理人员可以快速查找相关批次货物的检测记录，分析问题原因并采取纠正措施。这种数据追溯能力，提高了物流中心的质量管理水平和响应速度。

（二）货物分配

1. 系统分配存储位置

在现代物流中心，货物分配是一个至关重要的环节。仓库管理系统通过智能算法和实时数据分析，根据货物类型、大小和出库频率等参数，自动分配最优的存储位置，以最大限度地提高仓库空间的利用率和货物管理的效率。

（1）货物类型和大小。不同类型和大小的货物需要不同的存储条件和位置。仓储管理系统能够自动识别货物的类型和尺寸，并根据仓库的布局和存储条件，分配最合适的存储位置。体积较大的货物可能需要存放在较低的货架上，而易碎品则可能需要特殊的存储区域以避免损坏。

（2）出库频率。出库频率是影响货物存储位置的一个关键因素。高频次出库的货物通常会被分配到靠近出入口的位置，以减少搬运距离和时间，提高拣货和出库的效率。低频次出库的货物则可以存放在较远的位置，充分利用仓库的空间。

（3）动态调整。仓库管理系统不仅在货物入库时进行存储位置的分配，还会根据实时的库存水平和出库需求，动态调整货物的存储位置。当某一类货物的出库频率增加时，系统会重新分配其存储位置，将其移至更便于取货的位置。这种动态调整能够优化仓库的空间利用率和运营效率。

2. 自动搬运

自动搬运是现代物流中心实现高效货物分配的重要手段。AGV（自动导引车）和 AMR（自主移动机器人）是自动搬运系统的核心设备，通过接收系统指令，精准高效地将货物搬运到指定存储位置。

（1）AGV（自动导引车）。AGV 是一种依靠地面导引系统（如磁条、激光导航）进行移动的自动搬运设备。AGV 能够按照预设的路径，在仓库内安全、准确地搬运货物。AGV 系统通常与仓储管理系统紧密集成，能够实时接收搬运任务并进行路径规划。AGV 具有较高的搬运能力，适用于大批量、长距离的货物搬运任务。

（2）AMR（自主移动机器人）。AMR 相较于 AGV 更加灵活，依靠先进的传感器和 AI 算法进行自主导航。AMR 能够自主识别环境变化和障碍物，实时调整行驶路线，避免碰撞和拥堵。AMR 无须预设路径，适用于复杂和动态的仓库环境。它们能够高效地完成短距离、频繁的货物搬运任务，提高仓库的整体运营效率。

（3）自动搬运系统的优势。自动搬运系统的最大优势在于其高效性和可靠性。通过 AGV 和 AMR 的协同工作，仓库管理系统能够确保货物在仓库内的快速、准确流转。自动搬运减少了人工操作的需求，降低了劳动成本和人为错误的风险。此外，自动搬运设备能够全天候工作，提高了仓库的运行效率和货物周转速度。

（4）实时监控与优化。在搬运过程中，AGV 和 AMR 配备的传感器和监控系统能够实时反馈搬运状态和路径信息。仓库管理系统根据这些实时数据，进行任务优化和路径调整，确保搬运任务的顺利完成。当检测到路径上的障碍物时，系统会及时调整搬运设备的行驶路线，避免任务中断。

二、存储管理

（一）动态货位管理

1. 实时监控

在现代物流中心，实时监控是动态货位管理的核心组成部分，通过传感器和摄像头等设备，仓库管理系统能够持续监控仓库内货物的存放状态，确保存储位置的准确性和有效性。

（1）传感器技术。传感器技术在实时监控中发挥着至关重要的作用。温湿度传感器、红外传感器、激光传感器等多种传感器被广泛应用于仓库环境中。这些传感器可以实时监测货物存储环境的温度、湿度、光照强度等信息，确保货物在最佳条件下存储。在存储药品和食品时，温湿度传感器能够监控和控制环境条件，防止货物因环境不适而变质。

（2）摄像头监控。高清摄像头在仓库内的各个角落进行布置，形成全覆盖的监控网络。摄像头能够实时捕捉货物的位置、状态和存储情况，并将视频数据传输至中央控制系统。通过图像识别技术，系统能够自动识别货物的种类、数量和位置，及时发现存储过程中的异常情况，如货物移位、堆放不稳等。摄像头监控不仅提高了货物管理的精确度，还增强了仓库的安全性，防止货物丢失和损坏。

（3）数据集成与分析。传感器和摄像头采集的数据会实时上传至仓库管理系统（仓储管理系统），系统对这些数据进行集成和分析，生成仓库内货物存放的实时图像和状态报告。这种实时监控能力，可确保仓库管理人员能够及时掌握仓库内的货物情况，并进行有效的管理和调度。

2. 智能调度

智能调度是动态货位管理的重要环节，通过仓库管理系统，根据库存水平和出库需求，动态调整货物的存储位置，优化仓库空间的利用率。

（1）库存水平监控。仓库管理系统实时监控每种货物的库存水平，记录库存变化情况。当某种货物的库存低于设定的安全库存线时，系统会自动发出补货指令，调度相应的货物进行补充，确保库存的持续供应。同时，对于库存过多的货物，系统也会根据需求调整存储位置，避免空间浪费。

（2）出库需求分析。根据订单信息和出库需求，系统能够预测未来一段时间内的货物出库情况。通过对历史订单数据的分析，系统能够识别高频出库货物，并将这些货物调整到靠近出入口的位置，减少拣货和出库的时间，提高作业效率。

（3）动态调整货位。系统根据实时监控的数据和分析结果，动态调整货物的存储位置。通过优化货物的存储布局，系统能够最大限度地利用仓库空间。对于即将出库的货物，系统会提前调度到易于取货的位置，而对于长期存储的货物，则会调整到仓库的深处。AGV（自动导引车）和AMR（自主移动机器人）在接收到系统的调度指令后，自动执行货物的搬运和存储调整任务，确保调度的高效和准确。

（4）路径优化与调度。在货物存储位置调整过程中，系统会自动规划最佳路径，确保搬运设备以最短路径、最快速度完成任务。路径优化不仅减少了设备的运行时间和能耗，还避免了仓库内的交通拥堵，提高了整体运营效率。

（5）预警与异常处理。智能调度系统还具备预警和异常处理功能。当监控到货物存储位置异常或设备故障时，系统会自动发出预警通知，并采取相应的处理措施，如调整其他设备执行任务、调度备用设备等，确保仓库运营的连续性和稳定性。

通过实时监控和智能调度，现代物流中心的动态货位管理实现了对仓库空间和资源的高效利用，提升了库存管理的精确度和响应速度。实时监控确保了货物存储状态的准确性，而智能调度则根据实际需求动态调整存储位置，优化空间利用率，最终提升了仓库的运营效率和服务水平。

（二）环境控制

在现代物流中心，环境控制是确保货物质量和安全存储的关键环节，通过温湿度传感器和自动调节设备实现实时监控和控制。温湿度传感器实时监测仓库内的温度和湿度，提供精准的数据反馈，确保环境条件始终保持在规定范围内。自动调节设备根据传感器数据自动启停，包括加热器、空调、加湿器和除湿机等，确保仓库环境符合预设标准。实时监控系统通过传感器和摄像头持续采集数据，中央控制系统分析处理数据，并在检测到异常时自动发出警报并采取纠正措施。系统预设不同货物的存储条件，自动调整设备，确保各类货物在最佳条件下存储。同时，系统优化设备运行模式，实现节能减排，通过智能控制技术远程管理和监控仓库环境。环境控制系统与仓库管理系统（仓储管理系统）紧密集成，进行综合管理和数据共享，动态调整环境控制策略，提高货物质量和安全性，增强物流中心的运营能力。

三、订单处理

（一）订单生成与分配

1. 订单接收

在现代物流中心，订单生成与分配是订单处理流程中的关键环节。订单管理系统负责接收客户订单，并与仓储管理系统进行数据对接，实现订单信息的高效传输和处理。

（1）订单管理系统。订单管理系统是物流中心接收和管理客户订单的核心系统。订单管理系统通过多种渠道接收订单，包括电子商务平台、企业资源规划系统（ERP）、客户关系管理系统（CRM）等。订单管理系统能够实时更新订单状态，确保订单信息的准确性和及时性。当客户在电商平台下单时，订单管理系统会立即接收订单信息，并将其存储在数据库中。

（2）数据对接与集成。订单管理系统接收订单后，会与仓储管理系统进行数据对接和集成。数据对接过程能确保订单信息在各系统间无缝传输，避免数据重复输入和人为错误。订单管理系统将订单的详细信息，包括商品名称、数量、规格、交货时间和地址等，传输到仓储管理系统中。仓储管理系统根据订单信息进行库存查询和处理，确保订单中的商品有足够的库存量。同时，订单管理系统和仓储管理系统的集成还能够实现订单状态的实时更新，客户可以随时查询订单的处理进度和物流信息。

2. 任务分配

在订单接收和数据对接完成后，系统根据订单内容自动生成拣货任务，并分配给相关机器人，实现高效的订单处理和执行。

（1）自动生成拣货任务。仓储管理系统在接收到订单信息后，会自动生成相应的拣货任务。系统根据订单中的商品信息，查询库存位置和数量，制订详细的拣货计划。仓储管理系统通过优化算法，计算出最优的拣货路径和顺序，最大限度地减少拣货时间和移动距离，提高拣货效率。系统会将同一订单中相邻货架的商品安排在一起拣货，避免重复往返。

（2）任务分配与调度。生成拣货任务后，系统会根据仓库内的资源情况和机器人状态，智能地分配任务。AGV（自动导引车）和AMR（自主移动机器人）是主要的拣货设备。系统实时监控机器人的位置、状态和任务负荷，合理分配任务，确保各机器人高效协同工作。任务分配过程考虑多种因素，包括机器人电量、路径规划、优先级等。对于紧急订单，系统会优先分配任务给最近且电量充足的机器人，确保订单能够被快速处理。

（3）路径优化与执行。在任务分配过程中，仓储管理系统会通过路径优化算法，规划最优的拣货路径。机器人在执行拣货任务时，按照预定路径移动，利用传感器和导航系统实时调整行进路线，避免碰撞和拥堵。机器人到达指定位置后，利用机械臂或其他取货装置，精确抓取商品并放入拣货篮中。整个拣货过程自动化、高效，减少了人工操作时间和错误风险。

（4）实时监控与反馈。系统通过传感器、摄像头和网络技术，实时监控拣货任务的执行情况。所有操作数据都会传输到中央控制系统，进行分析和处理。当出现异常情况时，如机器人故障、货物缺失等，系统会及时发出警报，并采取纠正措施。管理人员可以通过监控平台，实时查看拣货进度和任务状态，进行必要的干预和调整。

（5）灵活应对与调整。订单生成与分配系统具备灵活应对能力，能够根据实际情况进行调整。当订单数量突然增加或出现突发紧急订单时，系统会自动调整任务优先级和分配策略，合理调度资源，确保订单按时完成。同时，系统还能够根据历史数据和预测分析，提前制订应对策略，优化资源配置，提高订单处理的灵活性和可靠性。

（二）智能拣货

1. 路径优化

路径优化是智能拣货过程中的关键环节，它指微缩化的机器人在仓库内按指定任务移动，提高拣货效率。仓储管理系统通过高级算法和实时数据分析，对拣货路径进行优化，确保每次拣货任务都能在最短时间内完成。订单管理系统利用多种优化算法，如最短路径算法、动态规划和人工智能技术，计算最优拣货路径，考虑货物位置、机器人当前位置、仓库布局和订单优先级等因素，制定出最优的拣货顺序和路线。系统通过分析历史数据，预测高频拣货区域，并提前规划机器人行驶路径，避免路径交叉和重复。路径优化不仅是在任务分配时进行，而且是一个动态调整的过程。仓库内的情况可能随时变化，如通道阻塞、机器人故障或新的紧急订单等。订单管理系统实时监控仓库环境和机器人状态，根据最新数据动态调整拣货路径，确保机器人能够快速响应并完成任务。当某一通道出现阻塞时，系统会立即重新规划路径，避免延误。在大规模仓库中，往往需要多台机器人同时进行拣货操作。订单管理系统通过协同调度算法，优化多台机器人协作路径，避免机器人之间的路径冲突和资源浪费。系统会根据各机器人任务优先级、路径重叠度和电量状态，合理分配任务和路径，确保各机器人高效协同工作。系统会安排机器人避开高峰期的拥堵区域，分配不同机器人在不同区域同时作业，提高整体拣货效率。

2. 自动拣选

自动拣选利用先进的机器人技术和自动化设备，实现高效、精准的货物拣选。拣选机器人是智能拣货系统的核心设备，配备有多自由度机械臂、传感器和视觉识别系统，能够根据订单管理系统的指令，自动前往货架进行货物抓取和搬运。机械臂通过精准控制，灵活抓取各种形状和尺寸的货物，并将其放入拣货篮中。传感器和视觉识别系统确保机器人能够准确定位货物，避免抓取错误和损坏。在接收到拣货任务后，拣选机器人会按照优化路径移动至指定货架，利用视觉识别系统扫描货架和货物标签，确认货物位置和信息，然后执行抓取操作，整个过程自动、高效，减少了人工操作的时间和错误风险。机器人还具备实时反馈功能，向订单管理系统传输任务执行状态和货物信息，确保任务完成的准确性和及时性。机械臂和抓取装置经过精密设计，能够处理多种类型和形状的货物，灵活应对复杂的拣货场景。抓取装置如真空吸盘、夹持器等，根据货物特性自动调整抓取方式，确保货物的稳定性和安全性。对于易碎品，机器人采用柔性抓取装置，避免损坏；对于重型物品，则使用强力夹持器，确保抓取稳固。拣选机器人配备了多种传感器，如激光雷达、红外传感器等，实时感知周围环境和障碍物，通过智能避障算法自动调整行驶路径，绕过障碍物，确保拣货过程的安全性。当检测到前方有其他机器人或人员时，会自动减速或停下，重新规划安全路径。在自动拣选过程中，机器人不断采集和上传数据，包括拣货任务完成情况、货物状态、路径信息等，订单管理系统对这些数据进行实时分析和处理，优化拣货策略和路径，发现拣货流程中的瓶颈和问题，并进行相应的调整，提高整体拣货效率和准确性。

四、出库流程

（一）货物集结与包装

在智能物流中心，货物集结与包装是关键环节，通过 AGV（自动导引车）或 AMR（自主移动机器人）将拣选好的货物运送到集货区，实现高效、精准的货物搬运。AGV 和 AMR 具备自主导航能力，能够避开障碍物，选择最优路径，确保货物安全、快速地送达集货区。集货区作为货物临时存放和处理的区域，负责分类、整理、质量检查和核对，确保拣选货物与订单信息一致。随后，包装机器人利用先进的自动化技术，根据货物规格和订单要求，自动完成货物的包装、封装和贴标签操作。包装机器人通过机械臂和传感器选择适当的包装材料和方式，自动打印和粘贴标签，确保货物信息准确无误。自

智能物流：机器人技术的未来

动包装大幅提高了包装效率和质量，减少了人工操作时间和成本，同时提高了包装的一致性和稳定性。通过系统集成与数据共享，包装机器人和仓储管理系统实现了高效协同运作，确保物流中心各环节的无缝衔接，提升了物流整体运营效率和服务质量。

（二）出库扫描与核对

通过自动扫描设备和系统确认，确保货物与订单信息一致。自动扫描利用条码扫描仪、RFID 读写器和机器视觉系统，对货物和订单信息进行自动识别和核对。条码扫描仪通过读取货物包装上的条码信息，与订单系统中的数据进行比对，提高了数据采集的速度和准确性，减少了人工录入的错误。RFID 技术通过无线电波读取标签信息，能够批量读取，提高了信息采集的速度和准确性。机器视觉系统利用摄像头和图像处理技术，识别货物和包装上的标签信息，确保扫描精度和可靠性。完成自动扫描和信息核对后，系统进行出库确认，自动生成包含货物详细信息、订单号、发货地址和运输方式的出库单，并通知运输部门准备发货。系统根据订单信息自动核对，确保货物数量、规格和品名与订单一致，避免漏发、错发和重发，优化运输工具和路线安排。

五、运输调度

运输调度是物流中心高效运作的重要环节，通过智能调度系统和无人运输车的应用，实现运输路线和调度计划的优化。智能调度系统利用大数据分析、人工智能和机器学习技术，对订单目的地、运输资源、交通状况和天气情况进行综合分析，动态调整运输方案，确保每次运输任务能在最短时间内完成。无人运输车则利用先进的传感器、导航系统和人工智能技术，实现自主驾驶和路径规划，自动将货物从仓库运送到配送中心，减少人工干预，提高运输效率和准确性。智能调度系统通过详细的路线规划和调度安排，优先选择最优路线，减少运输时间和成本，同时根据实时数据动态调整运输计划。无人运输车的应用不仅降低了人力成本和劳动强度，还通过自动驾驶和路径优化减少燃油消耗和车辆维护费用，提高了经济效益。智能调度系统和无人运输车的结合显著提升了运输效率和服务质量，确保货物能够及时、安全地送达目的地，优化资源配置，提升了物流服务的质量和客户满意度，增强了企业的市场竞争力。

六、退货与换货处理

（一）退货接收

通过高效的自动化技术可以显著提升退货处理的效率和准确性。退货信息通过自动化系统实时记录到仓储管理系统中，确保库存数据的及时更新和准确性。系统自动记录退货的详细信息，包括退货原因、检测结果和货物状态，这些信息用于更新库存数据并为后续分析和决策提供依据。自动化系统的应用使退货信息的记录和管理高效精准，减少了人为操作时间和错误风险，提升了库存管理水平。通过自动检测和系统记录的结合，物流中心能够有效管理退货接收过程，增强物流中心的运营效率。

（二）换货与重新入库

通过自动化技术可以显著提升物流中心效率和准确性。在自动分拣过程中，系统根据退货检测结果，快速、精准地识别并分类货物，将需要换货的商品和可重新入库的商品分开。自动分拣设备如分拣机和机器人，大大提高了处理速度，减少了人工操作的时间和错误。对于合格的退货商品，自动搬运设备如 AGV（自动导引车）或 AMR（自主移动机器人）会接收到系统指令，自动前往分拣区域获取已分类好的退货商品，并将其搬运至指定存储位置。搬运过程中，这些设备通过传感器和导航系统实时监控路径和环境，确保货物安全到达目的地。与此同时，仓储管理系统实时记录商品重新入库的详细信息，包括数量、位置和入库时间，确保库存数据的准确性和及时性。这些数据用于更新当前库存，并为后续的库存管理和销售预测提供依据。

通过以上自动化运作流程，物流中心能够显著提高效率、减少人为错误、优化资源配置，提升整体物流服务的质量和客户满意度。

第五章　智能物流在特定行业中的应用

随着智能物流技术的不断进步，其应用范围也在逐步扩大。各行各业开始认识到智能物流所带来的效率提升、成本降低和服务优化的巨大潜力。在这一章中，我们将探讨智能物流在电子商务、制药与医疗行业中的具体应用。这些行业对物流效率和准确性有着极高的要求，智能物流技术通过自动化、智能化和数据驱动的解决方案，为这些行业提供了定制化服务，不仅满足了行业的特殊需求，还推动了行业的整体发展与创新。通过详细的案例分析和技术探讨，本章将展示智能物流如何在不同领域中发挥关键作用，助力企业在激烈的市场竞争中保持领先地位。

电子商务

"互联网+"的时代，智能物流和电子商务已经成为现代商业中不可或缺的两个重要环节。而它们的融合，不仅成了一股强大的新势力，还推动了商业领域的发展。

一、基于"互联网+"的智能物流与电子商务融合优势

"互联网+"的智能物流与电子商务融合，在以下几个方面展现出优势：

首先，通过物联网技术，可以实时监控和追踪货物的位置和状态，优化配送路径，提升运输效率。同时，智能物流可以减少人为错误，提高信息录入的准确性，进一步优化运营效率。

其次，通过物联网技术，企业可以实时掌握货物动态，提前通知用户货物的到达时间，或者提供实时更新的物流信息，减少用户对物流进程的不确定性，优化用户体验。

再次，通过物联网技术，企业可以实时监控库存水平，预测未来的需求

趋势，提前做好库存规划。同时，智能物流可以实时反馈销售数据，帮助企业及时调整生产和采购计划，提升供应链的可视性和韧性。

复次，通过物联网技术，企业可以实现自动化的数据采集和整理，减少人力成本。同时，智能物流可以通过优化配送路径，减少运输成本。此外，智能物流还可以通过预测需求，优化库存水平，降低运营成本。

最后，通过物联网技术，企业可以实现智能化的物流服务，如预测和优化物流路径、自动化仓库管理等。这些创新可以帮助企业提供更高效、更便捷的服务，开拓新的业务模式。

综上所述，基于"互联网+"的智能物流与电子商务融合可以在提升运营效率、优化用户体验、提升供应链的可视性和韧性、降低运营成本及创新业务模式等方面展现优势。

二、基于"互联网+"的智能物流与电子商务融合的发展现状

目前，智能物流和与电子商务的融合发展已得到广泛关注。例如，"互联网+高效运输""互联网+智能仓储""互联网+便捷配送""互联网+智能终端"等模式的出现，为物流企业转型提供了方向指引。这些模式充分利用互联网技术和互联网思维，推动互联网与物流业深度融合，重塑产业发展方式和分工体系。

同时，物流大数据的应用也在推动智能物流与电子商务的融合发展。通过对海量数据的处理和分析，可以挖掘出对企业运营管理有价值的信息，从而科学合理地进行管理决策。此外，物流云服务的应用也为智能物流与电子商务的融合提供了重要保障。通过云服务，可以实现数据共享与协同，提高了信息传递的效率和准确性。总的来说，基于"互联网+"的智能物流与电子商务融合发展已经取得了一定成果，但仍然面临一些挑战和问题。

三、"互联网+"智能物流与电子商务融合发展的策略

（一）加强基础设施建设

在基础设施建设方面，我们可以利用共享经济模式整合社会仓储资源，同时运用物联网技术建设智能仓储设施网络，提高物流配送效率，采用"共享经济+物联网+智能仓储"的模式，可从以下几个方面进行：

智能物流：机器人技术的未来

首先，需要将仓储设施进行物联网的智能化升级。这包括安装RFID标签、传感器等设备，实现对货物的实时监控和管理。通过物联网技术，可以更好地掌握货物的位置、状态等信息，提高仓储管理的效率和精度。

其次，通过云计算和大数据技术建立一个智能仓储设施网络。这个网络可以实时处理和分析仓储设施的数据，提供实时的库存管理和配送服务。智能仓储设施网络还可根据历史数据和预测信息，对未来的仓储需求进行预测和规划，进一步提高仓储的效率和管理水平。

再次，在智能仓储设施网络的基础上，可以进一步实现仓储资源共享。可以将空闲的仓库、货架、运输工具等资源发布到共享平台上。有需求的企业或个人可在平台上租用这些资源，从而降低物流成本，提高物流效率。

最后，为了更好地满足需求，需要对共享经济模式进行不断优化。包括优化仓储资源的发布和租赁方式、改进物流配送的路线和策略等。同时，需要根据实际使用情况和反馈，对智能仓储设施网络不断进行升级和改进，实现更高效的资源共享和管理。

总的来说，"共享经济＋物联网＋智能仓储"的模式可通过提高仓储资源的利用率、降低物流成本、提高物流效率等方式，为电商企业提供更好的物流服务，同时为其他有物流需求的企业和个人提供更加灵活、高效的物流解决方案。

（二）完善运营管理

在互联网环境下，高效地协调和管理物流运作的各个环节，确保物流服务的高效、准确和可靠，可考虑通过以下几个方面来应对运营管理的挑战：第一，订单处理方面，利用自动化订单处理系统，减少人工干预，提高处理效率；引入智能审核技术，对订单进行快速、准确地审核，避免误判；建立高效的库存分配机制，确保库存的合理利用，避免超卖现象。第二，配送管理方面，利用大数据和人工智能技术，对配送路径进行优化，减少配送时间和成本；实施智能车辆调度系统，确保车辆的准时到达和货物安全送达；建立动态配送网络，适应订单量的波动和市场的变化。第三，库存管理方面引入物联网技术，实现库存商品的实时跟踪和监控，提高库存准确性；建立智能库存管理系统，实现库存的自动补货和预警功能，避免积压；推行以销定产的策略，减少库存的占用和降低库存成本。第四，客户服务方面，提供24/7的在线客服支持，解决消费者的问题和疑虑；利用社交媒体、在线社区等渠道，建立与消费者的互动和沟通，提高客户满意度；建立完善的退换货政策和售后保障体系，提升消费者体验和忠诚度。此外，还要积极探索新技术、新模式、新业态的应用，进而推动运营管理的创新和发展。

（三）提升数据利用水平

在数据整合上，可以建立一个中央数据平台，将各个业务环节的数据都整合在一起。同时，要确保数据的准确性和及时性，可采用实时的数据同步和校验技术，如使用数据清洗、数据预处理等方法来提高数据质量；首先，对于数据挖掘和分析，可以运用大数据技术和机器学习算法，从海量数据中提炼出有价值的信息。例如，通过分析用户的购买行为和搜索记录，可以预测未来的市场趋势，通过分析配送数据，可以优化配送路径，提高配送效率。其次，还需要根据业务需求，建立一套完善的数据分析模型，以指导运营决策。再次，要解决数据共享问题，物流行业的各个环节之间可以使用云平台或数据总线等方式进行数据传输和共享。这样，每个环节都可以实时获取到最新数据，以提高整个物流流程的协同效率。同时，为了确保数据的一致性，还需要建立数据同步和校验机制。最后，关于数据安全，需要建立完善的数据安全机制，包括数据加密、访问控制、权限管理等多个方面。例如，只有经过授权的人员才能访问和处理敏感数据；在数据传输过程中，也需要进行加密处理，以防止数据泄漏。此外，还要定期对数据进行备份和灾备，防止数据丢失。

（四）加强信息安全管理

"互联网+"智能物流和电子商务交易中的信息安全和保密性非常重要。以下是一些相关的解决方案：首先，要制定严格的信息安全政策，包括对个人信息的收集、存储、使用和传输等方面的规定。同时，要加强对员工的信息安全培训，提高他们的意识。对于企业敏感信息，应进行加密处理，只有经过授权的人员才能访问。其次，在技术层面，可采取多种安全措施来保护信息安全。例如，使用安全的加密算法来保护传输数据。使用防火墙和入侵检测系统以防止网络攻击；使用安全的支付系统保护消费者的支付信息。最后，要定期对系统进行安全漏洞扫描和修复，以防止潜在的安全风险。除此之外，"互联网+"智能物流涉及多个环节，每个环节之间需要建立可靠的信息传输机制和信任关系。可以采用区块链技术，通过分布式账本的方式保障供应链的可信和可追溯。同时，要加强对供应链合作伙伴的评估和审核，确保他们的信息安全保护能力。对于"互联网+"智能物流和电子商务系统，需要严格验证用户身份，防止身份盗用和欺诈行为。可采用多因素身份验证方法，如指纹识别、面部识别等，提高身份验证的安全性。同时，对不同级别的用户，应设置不同的访问权限，以防止不当操作的风险。通过以上措施的综合运用，可以大大提高"互联网+"智能物流和电子商务交易中的信息安全性和保密性，减少不法分子的攻击风险。当然，随着技术的不断发展和网络威胁的不断演变，还需要不断更新和完善信息安全保护措施，以应对新的挑战。

制药与医疗行业

智能物流在制药与医疗行业中的应用日益广泛，帮助这些行业实现了更高的效率、安全性和可靠性。以下将深入论述智能物流在制药与医疗行业中的具体应用及其带来的优势。

一、温控物流

（一）重要性

在制药与医疗行业，温控物流（冷链物流）具有至关重要的地位。许多产品如疫苗、生物制剂和某些药品对温度极为敏感，需要在特定的温度范围内运输和存储，以确保其稳定性和有效性。温控物流通过严格的温度监控和控制，保持药品在整个供应链过程中的适宜温度，确保其质量和安全性。这不仅符合各国药品管理机构的严格监管要求和行业标准，还能减少因温度控制不当导致的药品损失和经济损失。此外，可靠的温控物流系统能够提升品牌声誉和客户信任，增强企业的市场竞争力。随着技术创新的发展，先进的温控设备和物联网传感器被广泛应用于冷链管理，帮助企业在竞争中保持领先地位，实现可持续发展。因此，构建高效、可靠的温控物流系统，是制药与医疗行业企业保持竞争力和实现长期成功的关键。

（二）实现方法

智能物流系统通过集成温度传感器、GPS定位和数据通信技术，实现对运输过程中药品温度的实时监控和管理。这些技术的结合确保了药品在整个物流过程中始终处于规定的温度范围内，极大地提高了冷链物流的可靠性和效率。

温度传感器是智能物流系统的核心组件之一。温度传感器被安装在冷藏箱和运输车辆中，能够精确地检测药品周围的温度。这些传感器通常具有高灵敏度和快速响应能力，可以及时捕捉温度的微小变化。温度数据通过无线传输技术，实时发送到中央监控系统，确保物流管理人员可以随时了解运输过程中的温度情况。

GPS 定位技术则用于跟踪和监控运输车辆的位置和路线。通过 GPS 系统，物流管理人员可以实时掌握每一批药品的运输进度和地理位置，确保运输按计划进行。如果出现交通拥堵、车辆故障等突发情况，GPS 系统可以提供准确的位置数据，便于快速采取应急措施，避免药品因延误而遭受温度波动的影响。数据通信技术在智能物流系统中扮演着桥梁角色。它将温度传感器和 GPS 定位系统的数据整合起来，并传输到中央监控平台。通过移动网络或卫星通信技术，温度和位置数据能够实时上传，使物流管理人员可以在任何时间、任何地点通过电脑或移动设备访问和监控这些数据。数据通信技术的高效性和可靠性，确保了信息传递的及时性和准确性。

在智能物流系统中，实时监控和报警功能是确保药品安全的重要机制。当温度传感器检测到温度偏离规定范围时，系统会立即触发报警。报警信息通过数据通信网络，迅速传递给相关管理人员和司机，提醒他们及时采取应急措施。应急措施可以包括调整冷藏箱温度，重新安排运输路线，甚至更换运输车辆。通过这些措施，物流系统能够迅速响应，避免药品因温度异常而遭受损坏。

智能物流系统还具备数据记录和分析功能。系统会自动记录运输过程中每一时刻的温度和位置信息，形成完整的冷链追踪记录。这些数据不仅用于实时监控和报警，还可以在运输结束后进行分析。通过对历史数据的分析，物流管理人员可以发现潜在的温控问题和运输瓶颈，优化冷链管理流程，提升整体物流效率和可靠性。

物流企业需要对司机、仓库管理人员和技术支持人员进行培训，使他们掌握温控设备的操作方法和应急处理流程。同时，企业还需建立严格的管理制度，规范冷链物流的各个环节，确保每一个环节都严格遵循温控要求。

智能物流系统通过集成温度传感器、GPS 定位和数据通信技术，实现了对药品运输过程中温度情况的实时监控。如果温度偏离规定范围，系统会自动报警,并迅速采取应急措施,确保药品在运输过程中的安全和有效性。这一系统的高效运行,依赖于先进技术的应用、完善的数据管理和严格的操作规范,为制药与医疗行业的冷链物流提供了可靠保障。

(三)优势

智能物流系统在制药与医疗行业中的应用具有显著的优势,这些优势确保了药品的质量和安全性,降低了因温度异常导致的药品损失,并提高了监管合规性,符合 GMP(药品生产质量管理规范)要求。

1. 确保药品质量和安全性

智能物流系统通过温度传感器、GPS 定位和数据通信技术,实现对药品运输和存储过程中温度的实时监控,确保药品始终处于规定的温度范围内。药品质量和安全性对温度高度敏感,尤其是疫苗、生物制剂和某些特殊药品,在温度不适宜的条件下可能会失去效力或变质。实时温度监控系统能够迅速检测温度变化,及时报警并采取应急措施,如调整冷藏箱温度或改变运输路线,避免药品暴露在不利的温度环境中。通过这种精确的控制,智能物流系统能够大幅减少药品在运输和存储过程中的质量风险,确保药品在到达最终用户手中时仍然保持药效和安全。

2. 降低因温度异常导致的药品损失

温控物流的另一个显著优势是降低因温度异常导致的药品损失。在传统物流系统中,温度控制不当往往导致大量药品报废,这不仅造成经济损失,还可能影响供应链的稳定性。智能物流系统通过连续监测温度和位置数据,确保药品在整个运输和存储过程中都处于适宜的环境中。系统的报警和应急响应机制能够在温度发生异常时立即通知相关人员采取行动,避免药品因长时间暴露在不合适的温度条件下而损坏。此外,数据记录和分析功能帮助物流企业识别和解决潜在的温控问题,优化冷链管理流程,从而进一步降低药品损失率。

3. 提高监管合规性,符合 GMP(药品生产质量管理规范)要求

智能物流系统还显著提高了监管合规性,帮助企业符合 GMP(药品生产质量管理规范)等严格的行业标准。GMP 要求药品在生产、运输和存储过程中必须符合严格的质量管理和控制标准,以确保药品的安全性和有效性。智能物流系统通过实时监控、数据记录和分析功能,提供详细的温度和位置记录,

确保每个环节的操作都符合 GMP 要求。这些记录不仅用于内部质量控制，还可在监管检查时作为合规证明，提升企业的透明度和可信度。通过严格遵守 GMP 标准，企业能够减少合规风险，避免因不合规导致的法律问题和市场声誉损失。

智能物流系统通过确保药品质量和安全性、降低因温度异常导致的药品损失，以及提高监管合规性，提供了制药与医疗行业所需的高效可靠的冷链物流解决方案。这些优势不仅有助于保障患者健康和企业利益，还推动了行业的整体进步和规范化发展。

二、供应链透明化

（一）重要性

制药和医疗供应链的复杂性以及严苛的监管要求，使得供应链透明化变得尤为重要。供应链透明化指的是通过先进的技术手段，实现对药品从生产到最终交付的全程可视化和可追溯。这种透明化不仅有助于提高供应链的效率和可靠性，还能确保药品的质量和安全，满足监管要求。

制药和医疗供应链涉及多个环节，包括原材料采购、生产制造、仓储、运输和分销。每个环节都可能影响药品的最终质量和交付时间。通过供应链透明化，企业可以实时监控和管理每个环节的状态和流程，迅速识别和解决潜在问题。企业可以实时跟踪原材料的来源和运输情况，确保生产过程中的原材料质量；在生产环节，可以监控生产线的运行状态和产品的批次信息，确保生产过程符合质量标准。仓储和运输环节则可以通过温度传感器和 GPS 定位技术，实时监控药品的存储和运输环境，确保药品始终处于适宜的条件中。通过这些实时监控和管理措施，企业可以提高供应链的效率和可靠性，减少药品的延误和损失。

任何环节的疏漏都可能导致药品质量问题，甚至危及患者的生命。供应链透明化可以确保药品在整个供应链过程中始终符合质量标准。通过实时监控和记录生产、运输及存储过程中的温度、湿度、压力等关键参数，企业可以确保药品在适宜的环境中保存和运输，避免因环境条件不当导致的药品变质。此外，供应链透明化还可以实现药品的全程可追溯。当药品出现质量问题时，企业和监管机构可以通过追溯系统，迅速定位问题源头，采取相应的措施，防止问题进一步扩散。如果某批次药品出现问题，企业可以通过追溯系统查明问题发生的具体环节和原因，及时召回问题产品，避免更大范围的影响。

各国药品管理机构对药品的生产、运输和分销过程都有严格的要求，以确保药品的安全和有效性。供应链透明化能够帮助企业满足这些严苛的监管要求。通过实时监控和记录供应链的各个环节，企业可以提供详尽的记录和报告，证明其在生产和流通过程中遵守了所有的法规和标准。这不仅有助于通过监管机构的审核和检查，还能增强企业的合规性和信誉。此外，供应链透明化还可以帮助企业应对各种合规挑战和风险。企业可以通过透明化系统及时发现和纠正不合规行为，避免因违规导致的法律风险和经济损失。

在当今市场环境中，消费者对药品质量和安全的关注度越来越高。供应链透明化可以增强消费者对药品的信任。通过透明化系统，消费者可以获取药品的详细信息，如生产日期、批次号、原材料来源和运输条件等。这种透明度不仅让消费者更加放心，还增强了企业的品牌形象和市场竞争力。企业通过供应链透明化，展示其对质量和安全的承诺，赢得了消费者的信任和忠诚。

随着全球化的发展，制药和医疗行业的供应链越来越国际化。供应链透明化在支持全球市场和国际合作方面也发挥着重要作用。通过统一的透明化标准和系统，各国企业和监管机构可以实现信息共享和协同合作，提升全球供应链的效率和安全性。跨国制药企业可以通过透明化系统，与全球各地的供应商、制造商和分销商实时共享供应链信息，确保全球范围内的药品质量和供应稳定性。国际监管机构也可以通过透明化系统，协同监管药品的跨国流通，提升全球药品监管的协调性和有效性。

（二）实现方法

智能物流系统通过区块链技术和物联网设备，实现供应链的全程可追溯。这种方法能够确保药品在整个生产、运输和分销过程中信息的透明和准确，大大提高供应链的安全性和效率。以下是对此实现方法的深入论述。

1. 区块链技术

区块链技术在供应链中的应用是实现透明和可追溯的关键。区块链作为一种分布式账本技术，具有去中心化、防篡改和可追溯的特性，能够为药品供应链提供可靠的记录和验证机制。每个药品包装上的二维码或RFID标签记录的信息都会被加密并存储在区块链上，形成一个不可更改的交易记录。这些记录包括生产日期、批次号、原材料来源、生产工艺、质检结果以及每个运输环节的详细信息。

通过区块链技术，供应链中的每个参与者（如生产商、运输公司、批发商、零售商）都可以实时访问和更新相关数据。这种透明化管理不仅能够防止数据篡改，还可以快速追溯药品的生产和流通过程，确保每个环节的信息真实可信。当出现质量问题或安全隐患时，区块链记录可以帮助快速定位问题源头，采取有效的应对措施，防止问题进一步扩散。

2. 物联网设备

物联网（IoT）设备在智能物流系统中发挥着至关重要的作用。物联网设备包括温度传感器、湿度传感器、GPS定位器和RFID标签等，它们负责实时监控和记录药品在供应链各环节中的状态。每个药品包装上都带有唯一的二维码或RFID标签，这些标签不仅记录了药品的基本信息（如生产日期、批次号），还可以动态更新和存储运输路径、温度变化等关键数据。

通过这些物联网设备，物流管理人员可以实时获取药品在运输和存储过程中的环境信息。温度传感器和湿度传感器可以确保药品在适宜的条件下保存，防止因温度或湿度异常导致药品变质。GPS定位器可以实时追踪运输车辆的位置和行驶路径，确保运输过程的可视化和可控性。如果运输过程中出现任何异常情况（如温度超标、运输延误），系统会立即发出警报，提示相关人员采取应急措施，保障药品的质量和安全。

3. 信息集成与共享

通过区块链技术和物联网设备，智能物流系统能够实现供应链信息的集成与共享。每个参与者（如生产商、运输商、批发商、零售商）都可以通过扫描药品包装上的二维码或RFID标签，获取药品的详细信息。这些信息包括生产环节的工艺参数、质检结果、运输路径、温度记录等，确保供应链的透明和可追溯。

消费者和监管机构也可以通过扫描这些标签，从而获取药品的完整流通记录。消费者可以确认药品的来源和运输情况，增强对药品质量的信任感。监管机构可以实时监控药品的流通情况，确保企业遵守相关法规和标准。当发现不合规行为或质量问题时，监管机构可以快速追溯并采取相应措施，保障公众健康和安全。

4. 数据安全与隐私保护

在实现供应链透明化和可追溯的过程中，数据安全与隐私保护是至关重

智能物流：机器人技术的未来

要的。区块链技术通过加密算法和共识机制，确保数据的安全性和完整性。物联网设备的数据传输过程也需要采用加密技术，防止数据被篡改或泄漏。此外，企业应建立完善的数据管理制度，确保数据的合规使用和隐私保护。通过多层次的安全防护措施，智能物流系统能够在实现供应链透明化的同时，保护敏感信息的安全。

智能物流系统通过集成区块链技术和物联网设备，实现了供应链的全程可追溯。区块链技术提供了可靠的记录和验证机制，物联网设备实时监控药品状态，确保供应链信息的透明和准确。通过信息集成与共享，消费者和监管机构可以随时获取药品的详细信息，提升供应链的安全性和效率。与此同时，数据安全与隐私保护措施也确保了信息的安全性，为制药和医疗行业的智能化发展提供了坚实保障。

（三）优势

智能物流系统通过集成区块链技术和物联网设备，为智能物流带来了显著的优势，包括增强药品溯源能力、提高供应链的安全性和效率、减少假药和盗窃事件。以下是对这些优势的深入论述。

1. 增强药品溯源能力

智能物流系统显著增强了药品的溯源能力。通过区块链技术，每个药品的生产、运输和分销信息都被加密存储在一个不可被篡改的分布式账本上。每个药品包装上的二维码或 RFID 标签记录了其生产日期、批次号、原材料来源、质检结果和运输路径等详细信息。这些数据在供应链的每个环节都会更新和记录，形成完整的追溯链条。一旦药品出现质量问题，企业和监管机构可以迅速通过区块链追溯到问题的源头，识别具体环节和责任人，并采取相应的措施，如召回问题产品和进行质量检查。这种增强的溯源能力不仅确保了药品的质量和安全，还提高了供应链的透明度和可信度。

2. 提高供应链的安全性和效率

智能物流系统提高了供应链的安全性和效率。物联网设备如温度传感器、湿度传感器和 GPS 定位器实时监控药品的运输和存储条件，确保其始终处于适宜的环境中。温度和湿度的实时监控可以防止药品因环境条件不当而变质，GPS 定位可以确保药品按时交付并避免运输过程中的延误。此外，数据通信技术使得这些传感器和设备的监控数据可以实时上传到中央管理系统，物流管理人员可以随时访问这些数据，并进行及时干预和调整。如果检测到温度超标，系统会自动报警并通知相关人员采取应急措施，如调整冷藏箱温度或重新安排运输路线。这些措施显著提高了供应链的安全性，避免了因环境条件不当导致的药品损失。同时，智能物流系统通过自动化和实时数据处理，简化了供应链管理流程，减少了人为错误，提高了供应链的整体效率。

3. 减少假药和盗窃事件

智能物流系统通过增强药品的可追溯性和透明度，有效减少了假药和盗窃事件的发生。区块链技术的不可被篡改性确保了每个药品的身份和流通过程的真实性与完整性。每个药品的生产和流通信息都可以被精确记录和验证，任何篡改或伪造的行为都会被及时发现和阻止。消费者和药店可以通过扫描药品包装上的二维码或 RFID 标签，验证药品的来源和真伪，确保购买到的药品是正品。对于盗窃事件，GPS 定位器和实时监控系统可以实时追踪药品的位置，发现异常情况如运输路线偏离或运输时间异常时，系统会自动报警，提醒相关人员采取措施。此外，通过透明的供应链信息共享，监管机构可以更有效地监控药品流通，打击非法生产和销售行为。通过这些技术手段，智能物流系统大大提高了药品流通的安全性，减少了假药和盗窃事件的发生，保障了消费者的健康和安全。

三、自动化仓储管理

（一）重要性

制药和医疗产品的种类繁多、批次管理复杂，使得传统的人工仓储管理面临诸多挑战，效率低下且容易出错。自动化仓储管理则提供了一种高效、精准的解决方案，有效应对这些问题，确保药品的质量和安全。

制药和医疗产品种类繁多，不同种类的药品对存储条件和管理要求各不相同。一些药品需要在低温环境中保存，而另一些药品则需要避光或保持特定的湿度。这种多样性使得传统的人工仓储管理，难以满足所有药品的存储要求。人工操作过程中，稍有不慎可能导致药品因存储条件不当，进而影响药品质量和效力。自动化仓储管理通过精确控制存储环境参数，如温度、湿度和光照等，确保每种药品都在最佳条件下存储，避免因存储不当导致的质量问题。

药品的生产和供应涉及多个批次，每个批次都有特定的生产日期、有效期和批次号。传统的人工管理方式容易出现批次混淆或记录错误，影响药品的流通和使用安全。过期药品未能及时清理、新批次药品未能准确入库等问题，都会对药品供应链造成不良影响。自动化仓储管理系统可以通过条码扫描、RFID等技术，自动记录和追踪每个批次药品的存储和流通信息，确保批次管理的准确性和实时性。这样不仅提高了库存管理效率，还能实现药品的全程可追溯，确保药品的质量和安全。

传统人工仓储管理效率低下，难以适应现代制药和医疗行业的高效运营需求。人工操作不仅耗时费力，还容易受到人为因素的影响，如工作疲劳、疏忽大意等，导致操作失误和效率低下。自动化仓储管理系统通过自动化设备和智能软件，实现药品的自动存取、分拣和配送，大幅提高了仓储管理的效率。自动化立体仓库、自动化分拣系统和AGV（自动导引车）等设备，可以快速、准确地完成药品的存储和分拣任务，减少了人工操作的时间和劳动强度，提高了仓储管理的整体效率。

自动化仓储管理还具有高度的精准性和可靠性。传统人工管理中，库存数据的录入和更新容易出现错误，影响库存管理的准确性。自动化系统通过实时数据采集和更新，确保库存信息的准确和实时。自动化仓储系统可以自动记录每次药品的存取操作，并实时更新库存数据库，避免库存数据的滞后和错误。这种精准性和实时性，不仅提高了库存管理的准确性，还能为供应链管理提供可靠的数据支持，优化库存和供应链的整体运营。

最后，自动化仓储管理系统的应用，能够提高制药和医疗行业的监管合规性。制药和医疗行业受到严格的监管，要求企业在生产、存储和流通过程中严格遵守GMP（药品生产质量管理规范）等法规。自动化仓储管理系统通过自动化和智能化手段，实现药品存储和管理的标准化和规范化，确保各项操作符合监管要求。系统可以自动记录和保存药品的存储和流通数据，提供详细的追溯和审计记录，满足监管机构的检查和审计要求，增强企业的合规性和信誉度。

制药和医疗产品种类繁多、批次管理复杂，使得传统的人工仓储管理难以满足现代制药和医疗行业的高效、安全和规范化要求。自动化仓储管理通过高效、精准和智能化的解决方案，有效提高了仓储管理的效率和可靠性，确保药品的质量和安全，增强企业的监管合规性和市场竞争力。因此，自动化仓储管理在制药和医疗行业具有重要的应用价值和发展前景。

（二）实现方法

智能物流系统通过引入一系列自动化仓储设备和先进的软件系统，实现药品的自动存取、分拣和配送，同时对库存进行实时监控和管理，确保库存的准确性。这些方法不仅提高了仓储管理的效率，还减少了人为错误，提高了药品供应链的安全性和可靠性。

1. 自动分拣系统

自动分拣系统是智能物流系统的重要组成部分，它通过机械臂、传送带和分拣设备，自动完成药品的分类和分拣。药品在入库时，系统会扫描药品上的条码或 RFID 标签，识别药品的种类、批次和数量，并自动将其分类存放在不同的储位上。在出库时，系统根据订单需求，自动从储位中提取相应的药品，并按订单要求进行分拣和打包。这种自动化的分拣过程大大提高了分拣速度和准确性，减少了人工分拣的劳动强度和错误率，确保药品能够快速、准确地送达终端用户。

2. 智能货架

智能货架通过内置传感器和智能控制系统，实现药品的自动存取和管理。每个货架上的药品都有唯一的识别码，系统通过扫描识别码，实时记录药品的存取情况。智能货架可以自动调节存储环境，如温度和湿度，确保药品在最佳条件下存储。此外，智能货架还可以根据药品的存取频率和需求变化，自动调整药品的存放位置，优化仓储空间利用率和存取效率。通过这些功能，智能货架能够提高仓储管理的自动化水平和精确度，确保药品的质量和安全。

3. AGV（自动导引车）

AGV 在智能物流系统中扮演着搬运和配送的重要角色。AGV 通过内置的导航和定位系统，在仓库中自主移动，将药品从存储区搬运到分拣区或出货区。AGV 的路径和任务由系统软件实时控制和调度，确保药品能够在最短的时间内完成搬运和配送。AGV 的应用不仅提高了仓库内的物流效率，还减少了人工搬运的劳动强度和安全风险。通过引入 AGV，智能物流系统能够实现药品的高效搬运和精准配送，进一步提升仓储管理的自动化水平。

4. 系统软件的实时监控和管理

智能物流系统的软件平台是实现自动化仓储管理的核心。系统软件通过与各类自动化设备的集成，对药品的存取、分拣和配送进行统一调度和管理。

软件平台实时采集和分析各类传感器和设备的数据，自动更新库存状态，确保库存信息的准确和实时。当药品被存入或取出时，系统会自动记录药品的存取时间、数量和位置，实时更新库存数据库，避免库存数据滞后或错误。系统软件还可以根据历史数据和预测算法，优化库存管理策略，自动补货和调配库存，确保药品供应的连续性和稳定性。

5. 先进的数据分析和管理功能

智能物流系统的软件平台还具备先进的数据分析和管理功能，通过大数据分析和机器学习算法，对仓储管理进行优化和改进。系统可以根据药品的需求变化和库存状态，自动调整库存管理策略和补货计划，提高库存周转率和资金利用效率。数据分析还可以帮助管理人员识别和解决潜在的管理问题，如库存积压、供应链瓶颈和操作异常等，提升整体仓储管理的效率和质量。

6. 整体集成与协同工作

智能物流系统的各个组件（如自动分拣系统、智能货架、AGV 和系统软件）通过统一的平台进行集成和协同工作，实现仓储管理的自动化和智能化。系统的各个部分相互配合，共同完成药品的存取、分拣和配送任务，确保整个仓储管理过程的高效运作和无缝衔接。这种整体集成和协同工作模式，不仅提高了仓储管理的效率和精度，还增强了系统的灵活性和适应性，能够应对复杂多变的市场需求和业务挑战。

智能物流系统通过引入自动分拣系统、智能货架和 AGV，实现药品的自动存取、分拣和配送，并通过系统软件对库存进行实时监控和管理，确保库存的准确性。这些方法不仅提高了仓储管理的效率，减少了人为错误，还提高了药品供应链的安全性和可靠性，为制药和医疗行业的智能化发展提供了坚实保障。

（三）优势

智能物流系统通过引入自动化仓储设备和先进的管理软件，为智能物流带来了显著的优势，包括提高仓储效率和准确性，降低人力成本和错误率，以及保障药品的先进先出管理，避免过期药品。这些优势显著提升了仓储管理的整体水平和药品供应链的可靠性。

1. 提高仓储效率和准确性

自动化仓储系统通过自动分拣设备、智能货架和 AGV 等先进技术，实现了药品存取、分拣和配送的自动化操作，大大提高了仓储效率。自动分拣系统能够快速、准确地分类和处理大量药品，智能货架通过自动存取和环境控制确保药品在最佳条件下存储，AGV则高效地在仓库内搬运药品。这些自动化设备不仅加快了仓储操作速度，还减少了人工干预，显著提高了操作的准确性。通过实时数据采集和更新，系统能够确保每个操作环节的精确执行，避免了传统人工操作中的人为错误，从而提高了整体仓储管理的效率和准确性。

2. 降低人力成本和错误率

自动化仓储管理系统减少了对人工操作的依赖，从而显著降低了人力成本。在传统仓储管理中，人工操作不仅费时费力，还容易受到人为因素的影响，导致操作错误和效率低下。通过自动化设备，智能物流系统能够替代大部分人工操作，降低了人力需求和劳动强度。自动化设备的高精度和高效率减少了操作错误，确保药品在存储和分拣过程中的准确性。自动分拣系统通过条码或RFID标签识别药品，避免了人工分拣时的错误识别和放置，AGV的自主导航和精准搬运也减少了药品损坏和丢失的风险。整体而言，自动化仓储管理不仅节约了人力成本，还提高了操作的准确性，减少了错误率，提升了仓储管理的可靠性。

3. 保障药品的先进先出管理，避免过期药品

智能物流系统通过自动化设备和管理软件，能够严格执行药品的先进先出（FIFO）管理原则，确保先入库的药品先出库，避免出现药品过期的问题。系统软件实时监控和记录每批药品的生产日期、有效期和存储位置，根据先进先出的原则自动安排药品的存取和分拣顺序。智能货架和自动分拣系统通过识别药品的有效期信息，优先处理即将过期的药品，确保这些药品在有效期内被及时使用。通过这种方式，智能物流系统有效避免了药品因长期存放而过期的情况，减少了药品的浪费和经济损失，同时确保了药品的安全性和有效性，保障了患者用药的质量。

智能物流系统通过提高仓储效率和准确性，降低人力成本和错误率，以及保障药品的先进先出管理，显著提升了制药和医疗行业的仓储管理水平。这些优势不仅确保了药品的质量和安全，还优化了供应链的运作，提高了企业的经济效益和市场竞争力，为行业的智能化和现代化发展提供了有力支持。

四、智能配送

（一）重要性

在制药和医疗行业，及时准确地配送是保障药品和医疗设备供应的重要环节。智能配送通过优化配送路线和提高配送效率，显著提升了药品和医疗设备的供应保障能力。

许多药品，特别是救命药物和急需的医疗设备，必须在短时间内送达医疗机构或患者手中。任何延误都可能导致患者病情恶化，甚至危及生命。智能配送系统利用先进的算法和实时数据分析，能够快速计算出最优配送路线，减少配送时间，确保药品和设备及时送达。在紧急情况下，智能配送系统可以根据实时交通状况和道路条件，动态调整配送路线，避开拥堵路段，确保最快速地送达。

传统的人工配送方式容易出现错误，如药品种类和数量错误、送达地址错误等，这些错误不仅影响患者的治疗，还可能导致严重的安全问题。智能配送系统通过条码扫描、RFID 标签和 GPS 定位等技术，实时追踪每一件药品和设备的配送状态，确保配送过程中的每一个环节都精确无误。配送人员可以通过手持设备查看配送任务和详细信息，避免了人工记录和传递中的错误，提高了配送的准确性和可靠性。

智能配送能够显著提高配送效率，降低运营成本。通过优化配送路线和合理调度资源，智能配送系统减少了配送车辆的行驶距离和时间，提高了车辆的利用率。减少了燃油消耗和车辆磨损，降低了运输成本。智能配送系统还可以根据订单的紧急程度和配送目的地的地理位置，合理安排配送批次和顺序，实现多订单的集中配送，进一步提高配送效率。对于同一区域内的多个订单，系统可以安排一次配送，避免了多次往返，提高了整体配送效率。

这些产品对运输环境有严格要求，温度、湿度和振动等条件必须在规定范围内，否则会影响产品的质量和安全。智能配送系统可以配合物联网传感器，实时监控和调整运输环境参数，确保药品和设备在运输过程中的安全。冷链运输中的温度传感器可以实时监控药品的温度，一旦温度超出设定范围，系统会立即报警并采取应急措施，以保障药品的有效性。

智能配送还提高了供应链的透明度和可追溯性。通过实时数据记录和信息共享，所有参与配送的环节都可以实时了解药品和设备的运输状态和位置。药品生产商、配送公司、医疗机构和患者都可以通过智能配送系统追踪药品的配送进展，确保每一个环节的透明和可控。这种透明度不仅提高了供应链的信任度，还便于发现和解决配送过程中的问题，优化整体供应链管理。

智能配送在制药和医疗行业中的重要性体现在其能够优化配送路线，提高配送效率，确保药品和设备的及时准确送达，保障患者的治疗效果和安全。通过智能配送系统，配送过程更加高效、准确和可靠，为制药和医疗行业提供了强有力的支持和保障。

（二）实现方法

智能物流系统利用大数据分析和人工智能算法，优化配送路线，减少运输时间和成本。系统还可以实时监控配送车辆的位置和状态，确保配送过程的透明和高效。

1. 大数据分析与人工智能算法优化配送路线

智能物流系统通过大数据分析与人工智能算法，能够优化配送路线，提高配送效率。大数据分析可以收集和处理大量的历史配送数据、交通流量数据、天气情况、道路条件等信息。通过对这些数据进行综合分析，系统可以识别出影响配送效率的关键因素，并找到最优的配送路径。

人工智能算法（如机器学习和深度学习）在此过程中发挥了重要作用。通过训练模型，AI算法可以预测交通状况、评估不同路线的时间成本，并动态调整配送路线。在高峰时段或遇到突发交通拥堵时，AI算法可以快速计算出替代路线，避免延误。通过不断地学习和优化，人工智能算法能够在不同的配送条件下找到最优的路线组合，最大限度地减少运输时间和成本。

2. 实时监控配送车辆的位置和状态

智能物流系统利用GPS技术和物联网设备，实现对配送车辆的位置和状态的实时监控。每辆配送车都配备有GPS定位装置，可以将位置信息实时传输到中央管理系统。通过这些数据，物流管理人员可以随时掌握车辆的行驶路线、当前位置和行驶速度，确保配送过程的透明和可控。

除了位置信息，智能物流系统还可以监控车辆的状态，包括燃油消耗、发动机性能、车厢温度等。这些信息通过车载传感器采集并上传到管理系统。管理人员可以根据这些数据，及时发现和解决车辆运行中的问题，保证配送的安全和效率。在温控药品的配送中，车厢温度的实时监控可以确保药品在运输过程中始终处于适宜的温度范围内，一旦温度偏离设定值，系统会立即报警并采取应急措施。

3. 透明高效的配送过程管理

通过大数据分析和实时监控，智能物流系统能够实现配送过程的透明化管理。配送过程中的每一个环节都可以被实时跟踪和记录，包括出发时间、行驶路线、到达时间和交付情况。物流管理人员可以通过系统界面查看每笔订单的详细信息，及时掌握配送进度。

这种透明化管理不仅提高了内部管理的效率，还增强了客户的信任度。客户可以通过系统查询自己的订单状态，了解配送进展，预估到达时间。一旦出现延误或其他问题，系统会自动通知客户，并提供解决方案，提升客户满意度。

4. 减少运输时间和成本

智能物流系统通过优化配送路线和实时监控，不仅提高了配送效率，还显著减少了运输时间和成本。优化后的配送路线能够避免不必要的绕行和交通拥堵，缩短行驶距离和时间。实时监控和数据分析还可以帮助管理人员优化车辆调度和载荷分配，提高车辆利用率，降低燃油消耗和运营成本。

智能物流系统可以根据订单的紧急程度和地理位置，合理安排配送车辆的出发时间和路线，避免车辆空载或半载行驶，减少燃油和人力资源浪费。通过优化资源配置和调度管理，智能物流系统能够实现更加高效和经济的配送运作。

智能物流系统通过大数据分析和人工智能算法优化配送路线，实时监控配送车辆的位置和状态，实现了配送过程的透明化和高效化。这些方法不仅提高了配送效率，减少了运输时间和成本，还增强了客户的信任度和满意度，为制药和医疗行业提供了可靠的配送保障。

（三）优势

智能物流系统通过优化配送路线、实时监控车辆和管理配送过程，为智能物流带来了显著的优势，包括提高配送的及时性和准确性、降低物流成本以及增强客户满意度。

1. 提高配送的及时性和准确性

智能物流系统利用大数据分析和人工智能算法来优化配送路线，确保药品和医疗设备能够快速送达目的地。系统能够实时分析交通状况、天气条件和道路信息，动态调整配送路线，避开交通堵塞和其他可能导致配送延误的因素，从而大幅缩短配送时间。此外，智能物流系统通过 GPS 定位和物联网技术，实现对配送车辆的实时监控，使物流管理人员能够随时掌握车辆的当前位置和行驶状态，确保配送过程透明可控。精准的管理方式不仅提高了配送的准确性，还能自动记录每次配送的详细信息，避免了传统人工记录的误差，确保每一批药品和设备都能按时、准确地送达目的地。

2. 降低物流成本

智能物流系统通过优化配送路线和提高车辆利用率，显著降低了物流成本。优化后的配送路线可以减少车辆的行驶距离和时间，从而降低燃油消耗和车辆磨损。同时，系统能够根据订单的紧急程度和地理位置，合理安排配送车辆和载荷，避免空载或半载行驶，提高运输效率。实时监控和数据分析还可以帮助企业优化资源配置，减少人力成本。自动化和智能化管理减少了对人工操作的依赖，降低了人工成本和操作错误的风险。此外，智能物流系统通过预测性维护和管理，能够及时发现和解决车辆和设备的潜在问题，减少因设备故障导致的额外成本和配送延误。

3. 增强客户满意度

智能物流系统通过提供高效、准确和透明的配送服务，显著增强了客户满意度。客户可以通过系统实时查询订单状态，了解配送进展和预计到达时间。这种透明度提高了客户对企业的信任，减少了客户的焦虑和不满情绪。及时性和准确性确保了药品和医疗设备按时送达，满足客户需求，尤其在医疗行业，及时配送对患者治疗效果至关重要。智能物流系统的高效服务提升了客户的整体体验，增强了客户满意度和忠诚度。

智能物流系统通过提高配送的及时性和准确性、降低物流成本以及增强客户满意度，为制药和医疗行业提供了强有力的支持和保障。这些优势不仅提升了企业的运营效率和经济效益，还增强了企业的市场竞争力和客户信任度。

第六章　机器人与人类的协同工作

在现代工业和服务业中，机器人技术的发展已经从简单的自动化向更高级的智能化和协作化迈进。机器人与人类的协同工作成为新的发展方向，既可以提高工作效率，又能减少人类劳动的强度和风险。这一趋势在制造业、物流、医疗等多个领域得到广泛应用和认可。协作机器人（Cobots）的兴起、人机界面与交互技术的不断创新以及工作场所的变革与调整，都是推动机器人与人类高效协同的重要因素。

协作机器人（Cobots）的兴起

协作机器人（Cobots）是指能够与人类协同工作、安全互动的机器人，它们的兴起标志着机器人技术进入了一个新的发展阶段。不同于传统的工业机器人，Cobots 的设计初衷是与人类共享工作空间、共同完成任务，具备高度的灵活性和安全性。这些特点使得 Cobots 在各种应用场景中变得越来越重要。

一、协作机器人的发展背景

（一）工业 4.0 和智能制造

工业 4.0 和智能制造的概念推动了机器人技术的创新与发展，这两个概念的核心是通过高度自动化和智能化的技术手段，实现生产过程的全面升级。在此背景下，传统的工业机器人由于缺乏灵活性和适应性，已经不能满足现代制造业对柔性制造和个性化生产的需求。传统工业机器人通常被编程执行单一、重复的任务，它们需要固定的工作环境，并且必须与人类工人分开工作以确保安全性。这种刚性和隔离的工作模式在如今多变且个性化的制造环境中显得越来越不适用。

协作机器人的出现解决了这一问题。Cobots 具有高度的灵活性和适应性，能够在动态环境中灵活应对多变的任务需求。它们配备了先进的传感器和智能控制系统，能够实时感知周围环境和人类工人的存在，从而在与人类工人共享工作空间的情况下安全高效地工作。与传统工业机器人不同，Cobots 能够进行多任务切换和复杂操作，适应不同的生产需求。在汽车制造业中，Cobots 可以完成从零部件装配到焊接、喷涂等多项任务，并根据生产线的变化进行快速调整，大大提高了生产效率和灵活性。

Cobots 的智能化程度较高，能够通过机器学习和人工智能技术不断优化自身的操作流程，提升工作效率和质量。它们不仅可以执行预编程的任务，还可以通过与人类工人的互动学习新任务。这种学习能力使得 Cobots 在面对新的生产需求时能够快速适应，减少了重新编程和调试的时间成本。在一个生产环境中，Cobots 和人类工人可以形成高效的协同工作模式，人类工人负责复杂操作和需要判断的任务，而 Cobots 则处理重复性和体力劳动密集的工作，从而充分发挥各自的优势。

工业 4.0 和智能制造强调的是生产过程的高度集成和信息透明，通过物联网、大数据和人工智能等技术，实现全方位的监控和优化。Cobots 在这一框架中扮演着重要角色，它们不仅是执行任务的智能终端，还能够通过与工厂其他设备和系统的互联互通，参与整个生产过程的数据采集和分析。通过实时数据的反馈和分析，Cobots 能够进行自我优化和调整，进一步提升生产效率和产品质量。

工业 4.0 和智能制造的推动，使得协作机器人在现代制造业中成为不可或缺的关键技术。Cobots 凭借其灵活性、适应性和智能化的优势，不仅解决了传统工业机器人无法满足的柔性制造和个性化生产需求，还大幅提升了生产效率和质量，实现了人机协同工作的最佳状态。随着技术的不断进步和应用的深入，Cobots 将继续引领制造业的智能化变革，推动工业 4.0 和智能制造的全面落地。

（二）技术进步

传感器技术的进步，使得 Cobots 具备了高度灵敏的环境感知能力。现代 Cobots 通常配备多种传感器，包括力传感器、视觉传感器、激光雷达、红外传感器等。这些传感器能够实时捕捉周围环境的变化，如物体的位置、形状、距离等信息。力传感器帮助 Cobots 在抓取和搬运物体时，精确控制施加的力量，

智能物流：机器人技术的未来

避免对物体造成损坏。视觉传感器和激光雷达则用于识别和跟踪周围的物体和人员，实现实时避障功能。当Cobots在工厂车间中移动时，可以通过视觉传感器检测前方的障碍物，并自动调整路径，以确保安全通过。这些传感器使得Cobots在复杂、多变的环境中能够自如运作，提升了工作效率和安全性。

人工智能和机器学习算法的应用，使Cobots具备了强大的自适应和学习能力。通过人工智能技术，Cobots能够对传感器收集到的数据进行深度分析和处理，识别环境中的变化和任务要求。机器学习算法则使得Cobots能够从历史数据中学习和优化操作策略。Cobots可以通过分析过去的工作数据，学习最佳的操作路径和策略，从而在未来的任务中提升效率和精度。此外，人工智能还使得Cobots能够进行复杂任务的规划和执行，如多步骤装配、精密焊接等。它们可以根据实时反馈进行动态调整，以确保任务的准确性和稳定性。

人机交互技术的进步，为Cobots与人类工人之间的高效协作提供了可能。现代Cobots通常配备友好的用户界面和直观的编程工具，使得非专业人员也能够轻松操作和编程。这些界面和工具通常基于图形化编程、语音识别和手势控制等技术，使得人类工人可以通过简单的拖拽、语音指令或手势动作，指导Cobots完成特定任务。此外，Cobots还可以通过语音和视觉反馈与人类工人进行互动，提供操作状态、任务进度等信息。这种直观、自然的人机交互方式，极大地降低了使用门槛，提升了Cobots的可操作性和实用性。

技术进步不仅提升了Cobots的性能，还扩展了它们的应用范围。得益于传感器技术、人工智能和人机交互技术的进步，Cobots能够在更广泛的环境和任务中发挥作用。在医疗领域，Cobots可以辅助外科医生进行精密手术，实时调整操作策略，确保手术的安全和成功。在物流领域，Cobots可以自主分拣和搬运货物，提高仓储和配送效率。这些技术的进步，使得Cobots能够在更多行业中得到应用和推广，推动了协作机器人市场的快速发展。

传感器技术、人工智能和人机交互技术的进步，为协作机器人的发展提供了关键支持。通过这些技术，Cobots具备了强大的环境感知、自适应学习和人机协作能力，能够在复杂、多变的环境中高效、安全地执行任务。随着这些技术的不断进步，Cobots的性能将进一步提升，应用范围也将进一步扩大，推动各行业向智能化和自动化方向发展。

（三）市场需求

市场对高效、安全、灵活的生产方式需求不断增加，特别是在中小型企业和制造业领域。随着全球化和市场竞争的加剧,企业必须不断提高生产效率、降低成本和提升产品质量,以保持竞争优势。在这种背景下,协作机器人凭借其独特优势,迅速获得了市场认可,成为企业提升竞争力的重要工具。

中小型企业往往面临着资源有限、生产灵活性要求高的问题。传统的工业机器人虽然能够提高生产效率,但其高昂的购买和维护成本、复杂的编程和调试过程,使得中小企业难以负担和应用。相较之下,Cobots具有成本效益高的优势,其初始投资较低,维护成本也较为可控。同时,Cobots的部署和操作相对简单,不需要专业的编程知识,通过直观的用户界面和编程工具,企业可以快速将其投入使用,从而减少了停机时间和培训成本。某些Cobots可以通过示教模式进行编程,工人只需手动引导机器人完成一次操作,机器人即可记住并重复这一操作。

在制造业领域,市场对灵活生产方式的需求尤为突出。制造业面临着订单个性化、多样化和小批量生产的挑战,生产系统需要能够快速适应不同的生产任务。Cobots凭借其高度灵活性,能够快速切换任务,适应不同的生产需求。它们可以与人类工人协作,完成多样化的任务,例如装配、包装、质检等,而无须频繁调整生产线。在电子产品制造中,Cobots可以与工人协同工作,完成复杂的装配任务,从而提升生产效率和产品质量。此外,Cobots的移动性和灵活性,使其可以在不同的工作站之间快速移动和部署,进一步提高了生产系统的灵活性和响应能力。

安全性是Cobots获得市场认可的另一个重要因素。传统工业机器人通常需要在围栏或隔离区内工作,以确保操作安全,而Cobots则设计为能够在人类工人周围安全工作。Cobots配备了先进的传感器和安全控制系统,能够实时感知周围环境和人类工人的存在,并在检测到潜在碰撞时立即停止或减速,确保操作安全。在汽车制造业中,Cobots可以在没有安全围栏的情况下,与工人并肩工作,完成汽车零部件的装配任务,这不仅提高了工作效率,还减少了生产空间的占用。

市场需求的增加推动了Cobots技术的不断创新和应用场景的扩展。Cobots在电子制造、汽车制造、食品加工、医疗器械等多个行业中得到了广泛应用。在电子制造业中,Cobots能够精准地处理微小零件,提高装配质量和生产效率;在食品加工行业,Cobots能够完成包装、分拣等任务,提升生产卫生标准和效率;在医疗器械行业,Cobots则能够辅助医生进行手术,提高医疗操作的精度和安全性。随着Cobots技术的不断进步,其应用场景将进一步扩展，为更多行业提供高效、安全、灵活的生产解决方案。

二、协作机器人的核心特点

（一）安全性

协作机器人（Cobots）的设计以安全性为核心，充分考虑了在动态工作环境中与人类工人密切合作的需求。Cobots配备了多种先进的传感器，包括力传感器、视觉传感器和触觉传感器，这些传感器使其具备了高度敏感的环境感知能力，能够实时检测周围环境和人类工人的存在。

（二）灵活性

协作机器人（Cobots）具备高度的灵活性，能够根据不同任务需求快速进行调整和重新编程。这种灵活性源于其多自由度的机械臂设计和先进的控制系统，使其能够完成各种复杂的操作，如装配、焊接、搬运和检测等。Cobots的这种灵活性，使得它们能够适应多变的生产环境和任务，满足现代制造业对柔性生产和高效运作的需求。

（三）易于编程和操作

协作机器人（Cobots）通常配备直观的编程接口，使得其编程和操作变得非常简单，甚至可以通过手动引导的方式进行编程。这种设计大大降低了使用门槛和技术要求，使得非专业人员经过简单培训即可操作和编程Cobots。这种易用性使得Cobots在中小企业中得到了广泛应用，为企业提高生产效率和降低运营成本提供了有效的解决方案。

（四）成本效益

协作机器人（Cobots）在成本效益方面具有显著优势，这使得它们在中小企业和需要频繁调整生产线的企业中广受欢迎。首先，与传统工业机器人相比，Cobots的安装成本较低。传统工业机器人的安装通常需要专业的技术团队、复杂的编程以及大规模的生产线改造，这不仅耗费大量时间，还增加了初始投资。而Cobots由于其设计的简便性和易用性，可以快速部署在现有生产线中，减少了对专业技术人员的依赖，显著降低了安装成本。其次，Cobots的维护成本也较低。传统工业机器人在使用过程中需要定期地专业维护和检修，而Cobots由于其模块化设计和先进的自诊断功能，可以进行简单、快速地维护。许多Cobots配备了自动故障检测和预警系统，能够实时监控自身状态,提示用户进行必要的维护。这不仅延长了设备的使用寿命,还减少了因设备故障导致的生产停工时间和相关损失。某些 Cobots 能够通过软件更新和远程诊断来解决问题,而不需要现场技术人员的干预,从而节约了维护成本和时间。

三、协作机器人在各行业的应用

(一)制造业

在制造业中,协作机器人(Cobots)被广泛应用于装配、焊接、搬运和质检等多个环节,显著提升了生产效率和产品质量。在装配环节,Cobots 能够执行高精度的零部件安装任务,特别是在汽车制造业中,Cobots 用于执行复杂的装配操作,如发动机部件的安装和电气系统的组装,通过其多自由度机械臂和先进的视觉识别系统,确保每一个零部件的安装位置和角度都完全符合设计规范,从而提高了装配精度,减少了次品率。在焊接环节,Cobots 保持高度的稳定性和一致性,通过编程设置精确控制焊接参数,如温度、速度和焊接路径,确保焊接质量的均匀性,显著提升了生产效率和产品的整体可靠性。在搬运环节,Cobots 通过其灵活的机械臂和智能感知系统,可以轻松处理各种搬运任务,自动识别并抓取不同形状和重量的零部件,进行快速、准确地搬运和摆放,减少了人工搬运的时间和劳动强度,提升了整条生产线的运行效率。在质检环节,Cobots 通过集成高精度的视觉检测系统和传感器,能够对生产过程中的零部件和成品进行实时检测,确保产品符合质量标准,通过自动化的质检过程,提高了检测精度和速度,减少了人为误差,保障了产品质量的稳定性。Cobots 在制造业的应用还具备高度的灵活性和适应性,能够根据生产需求快速调整工作任务和流程,使制造企业能够灵活应对市场需求变化,进行小批量、多品种的生产,推动了智能制造的发展。

(二)物流与仓储

在物流和仓储行业中,协作机器人(Cobots)的应用迅速增加,显著优化了仓储管理和配送效率。Cobots 能够与人类工人协同工作,完成货物的搬运和分拣等任务,提升了整个物流过程的效率和准确性。在仓储中心,Cobots 通过集成视觉识别系统、传感器和智能算法,自动识别和抓取货物,进行精准地拣选操作。Cobots 可以根据仓库管理系统(WMS)的指令,前往指定货架位置,利用机械臂抓取目标货物,并将其放入拣货篮中。这种自动化操作不仅提高了拣选效率，还减少了人工操作中的错误和劳动强度。Cobots 在搬运环节能够进行自动导航和路径规划，将货物从一个位置搬运到另一个位置，通过多自由度机械臂和智能避障系统，灵活应对仓库内复杂的环境和动态变化，避免与其他设备和人类工人发生碰撞，确保搬运过程的安全性和高效性。在分拣任务中，Cobots 通过集成高精度传感器和分拣算法，对货物进行快速分类和分拣，例如在电商企业的仓储中心，Cobots 可以根据订单需求，自动将货物分类到不同的配送区域。亚马逊等电商巨头在其仓储中心广泛部署 Cobots，通过自动化分拣系统，提高了订单处理速度和准确性，缩短了订单履行时间，提升了客户满意度。Cobots 与人类工人协同工作的能力，使其在物流和仓储行业中具有独特优势，Cobots 可以承担重复性和高强度的任务，而人类工人则专注于复杂的决策和管理工作，通过这种人机协作模式，仓储中心能够充分发挥机器人和人类工人的各自优势，提高整体工作效率。Cobots 的部署还显著降低了仓储和物流运营成本，减少了对人力的依赖，降低了人工成本，Cobots 的高效操作和精准分拣，减少了货物损坏和订单错误的发生，降低了退货和售后服务成本。这些优势使得 Cobots 在物流和仓储行业中的应用前景广阔，越来越多的企业开始采用 Cobots 来优化其仓储和配送流程，提升整体运营效率和竞争力。

（三）医疗与护理

在医疗领域，协作机器人（Cobots）被广泛应用于辅助外科手术、药品分配和康复训练等任务，显著提升了医疗服务的质量和效率。在外科手术中，Cobots 通过其高精度和稳定性，协助外科医生完成复杂且精细的手术操作，减少手术创伤，缩短患者恢复时间，提高手术的安全性和成功率。Cobots 能够实时响应医生的指令，通过高精度的传感器和控制系统，确保操作的精准性，降低人为操作的风险。在药品分配领域，Cobots 通过视觉识别系统和智能算法，快速识别和分拣不同类型和规格的药品，提高了药品分配的效率和准确性，减少了人为分配错误。在大规模医疗机构中，Cobots 能够处理大量药品的分配任务，减轻医护人员工作负担。在康复训练领域，Cobots 通过与患者互动，帮助其完成个性化的康复训练计划，实时调整训练强度和方式，帮助患者恢复肌肉力量和协调能力，提升康复训练效果，减轻康复训练师负担。Cobots 的应用还通过数据记录和分析，为医疗机构提供宝贵的患者康复数据和手术操作数据，进一步优化医疗流程，提高治疗和康复效果。总之，Cobots 在医疗和护理领域的应用，通过提高手术安全性、优化药品分配流程和辅助患者康复训练，显著提升了医疗服务的质量和效率，为医疗机构带来了显著的经济效益和社会效益。

人机界面与交互技术

机器人的人机界面与交互技术是确保机器人能够高效、安全地与人类合作的关键。这些技术不仅包括传统的硬件设备如显示屏、按钮和操纵杆，还涵盖现代的触摸屏、语音识别、手势识别、虚拟现实和增强现实等先进技术。以下是对这些技术的深入论述。

一、触摸屏界面

触摸屏界面作为现代机器人交互系统中最常见的一种技术，极大地提高了机器人操作的便捷性和效率。它的核心优势在于提供了一种直观且易于使用的图形用户界面（GUI），使得用户能够以最低的学习成本掌握如何与机器人进行交互。

（一）直观的图形用户界面（GUI）

触摸屏界面依托图形用户界面，通过视觉元素（如图标、按钮、滑块等）和文本提示，向用户呈现一个清晰明了的操作界面。这样的设计能够有效降低用户的认知负荷，使得操作变得简单直观。在工业机器人应用中，触摸屏界面可以通过图形化的任务编程，让用户通过拖曳图标和设置参数来完成复杂的任务编程，而不需要掌握复杂的编程语言。这对于没有专业技术背景的操作人员尤为重要，使他们也能高效地使用机器人。

（二）便捷的操作方式

触摸屏界面通过点击、滑动、捏合等手势操作，使用户能够以自然的方式与机器人进行交互。相比传统的按钮或操纵杆，触摸屏界面更符合现代用户的操作习惯。用户只需通过手指触碰屏幕，即可完成任务设置、参数调整、状态监控等操作。在服务机器人领域，餐厅服务员可以通过触摸屏快速点选菜单、分配任务、查看订单状态等，大大提高了工作效率。

（三）提高操作效率

触摸屏界面通过简化操作步骤和流程，显著提高了机器人的操作效率。在工业生产线上，操作人员可以通过触摸屏界面快速切换任务、调整生产参数和监控设备状态，减少了人为操作的时间和误差。触摸屏界面的反馈速度快，用户可以即时看到操作结果，从而快速进行调整和优化。在自动化生产线上，操作人员可以通过触摸屏界面实时监控生产数据和设备状态，及时发现和解决问题，保证生产线的高效运行。

（四）广泛的应用领域

触摸屏界面适用于多种机器人应用领域，包括工业机器人、服务机器人、医疗机器人等。在工业机器人领域，触摸屏界面用于设备控制、任务编程和状态监控，提高了生产效率和操作安全性。在服务机器人领域，触摸屏界面用于任务分配、导航和信息查询，提升了服务质量和用户体验。酒店服务机器人可以通过触摸屏界面，帮助客人办理入住、查询信息和预订服务，为酒店提供便捷的个性化服务。在医疗机器人领域，医生通过触摸屏界面控制手术机器人，进行精密的手术操作，提高了手术的准确性和安全性。

（五）用户友好性

触摸屏界面通常设计为用户友好，操作简单直观。用户界面的布局和交互方式都经过精心设计，以确保用户在使用过程中感到舒适和自然。界面设计考虑了用户的使用习惯和需求，通过优化界面布局、简化操作流程和提供清晰的反馈，使用户能够快速掌握和使用。在仓储机器人应用中，操作人员通过触摸屏界面进行任务调度和路径规划，减少了学习和操作的难度。

二、语音识别与控制

语音识别技术正在成为机器人交互技术中的关键要素，尤其在家庭服务机器人和医疗护理机器人等领域，语音识别与控制技术通过提供一种自然且高效的交互方式，极大地提升了用户体验和操作效率。

（一）复杂语音指令处理

先进的语音识别系统能够处理复杂的语音指令，不仅能够理解简单的命令，还能识别和执行复杂的多步骤指令。在家庭服务机器人中，用户可以通过语音指令要求机器人进行一系列任务，如"先打扫客厅，然后去厨房准备晚餐"这样的指令需要语音识别系统能够准确理解语句的语义，并将其分解为具体的操作步骤，这对语音识别技术的精准度和自然语言处理能力提出了很高的要求。

（二）理解自然语言

自然语言处理（NLP）技术使语音识别系统能够理解和处理人类自然语言的复杂性，包括语法、语义和上下文。NLP技术的发展使得机器人能够理解更多样化的表达方式和更加复杂的指令。在家庭服务中，用户可以用不同的表达方式下达相同的命令，如"请打扫客厅"和"你能帮我打扫一下客厅吗？"机器人都能正确理解并执行。这种对自然语言的理解能力大大提高了用户与机器人交互的自然性和便捷性。

（三）识别语调和口音

语音识别系统的另一大挑战是处理不同的语调和口音。全球用户的语音特征各异，系统需要能够准确识别和理解不同用户的语音输入。现代语音识别技术通过机器学习和大数据训练，能够有效处理多种口音和语调。医疗护理机器人需要理解不同患者的语音指令，确保在复杂的医疗环境中仍能准确执行任务。这种能力不仅提高了语音识别系统的通用性和适应性，也显著增强了用户的体验度和满意度。

（四）家庭服务机器

在家庭服务机器人领域，语音识别技术使用户能够通过语音命令轻松控制机器人，完成日常家务和辅助任务。用户可以通过语音命令让机器人进行清洁、播放音乐、提醒日程安排等操作。这样的交互方式不仅解放了用户的双手，还使得机器人操作变得更加直观和高效。特别是对于老年人和行动不便的人群，通过语音控制机器人可以显著提高他们的生活质量和独立性。

（五）医疗护理机器人

在医疗护理领域，语音识别技术尤为重要。护士和医生可以通过语音命令让机器人完成递送药品或器械的任务。在手术室内，医生可以通过语音命令让机器人递送手术工具，减少手术过程中不必要的操作和时间浪费，提高手术效率和安全性。同时，在病房中，护士可以通过语音指令让机器人分发药物或执行简单的护理任务，减轻护士的工作负担，提高护理效率。

智能物流：机器人技术的未来

（六）提高工作效率

语音识别技术的引入显著提高了各个领域的工作效率。在家庭中，用户可以同时进行其他任务，而不需要手动操作机器人。在医疗环境中，护士和医生可以专注于患者护理和手术操作，通过语音指令完成其他辅助任务。这样不仅提高了工作的连贯性和效率，还减少了操作过程中的中断和错误。

语音识别与控制技术通过提供自然、直观和高效的交互方式，极大地提升了机器人在家庭服务和医疗护理等领域的应用价值。未来，随着技术的不断发展，语音识别系统将会更加智能化和人性化，进一步推动机器人技术的广泛应用和普及。

三、手势识别

手势识别技术通过摄像头和传感器捕捉用户的手部动作和姿势，将其转换为机器人可以理解的指令。这种技术允许用户在不触碰机器人的情况下进行操作，适用于需要远程控制或高卫生标准的环境，例如手术室或食品加工厂。手势识别技术使得人机交互更加直观和自然，用户可以通过简单的手势指令让机器人移动、抓取或执行其他任务。

（一）技术实现原理

手势识别技术依赖于摄像头和各种传感器来捕捉和分析用户的手部动作。关键技术包括计算机视觉、深度传感和机器学习。计算机视觉技术通过摄像头捕捉手部的图像或视频流，利用图像处理算法对手部的形状、位置和运动进行识别。深度传感器能够获取手部与周围环境之间的距离信息，增强手势识别的准确性。机器学习算法则通过大量的手势数据训练模型，使系统能够正确识别和理解多种复杂手势。

（二）应用场景与优势

1. 医疗领域

手术室是一个典型的高卫生标准环境，手势识别技术在此处具有显著的优势。外科医生可以通过手势控制手术机器人或辅助设备，避免直接接触设备，降低感染风险。此外，手势识别技术还可用于术中图像浏览和数据调用，医生无须离开无菌区域即可获取所需信息，提高手术效率和安全性。

2. 食品加工领域

在食品加工厂，卫生要求非常严格。工作人员可以通过手势指挥机器人进行食材的处理和包装，避免手部直接接触食品，确保食品安全。手势识别技术不仅提高了操作的便利性，还符合食品安全的高标准要求。

3. 工业制造领域

在工业制造过程中，工人可以通过手势远程控制机器人，完成装配、搬运等任务。手势识别技术使得操作更加灵活，不需要工人靠近危险区域进行操作，提高了生产安全性。同时，手势识别也减少了对物理控制设备的依赖，简化了工作流程。

4. 智能家居领域

在智能家居环境中，手势识别技术可以用于控制家电设备，如电视、音响、灯光等。用户可以通过手势指令调整设备的开关和设置，使家居生活更加便捷和智能。手势识别还可应用于家庭安防系统，通过识别家庭成员的手势进行身份验证和安全控制。

（三）技术挑战与解决方案

尽管手势识别技术有着广泛的应用前景，但其实现过程仍面临一些技术挑战。以下几方面是主要挑战及其解决方案：

1. 光线变化

环境光线的变化会影响摄像头的捕捉效果，从而影响手势识别的准确性。为了解决这一问题，可以采用多光谱传感器和自适应算法，增强系统对光线变化的适应能力。

2. 复杂背景

复杂背景可能会干扰手势的识别。使用深度传感器可以有效分离手部与背景，通过背景抑制算法进一步提升识别准确性。

3. 手势多样性

不同用户的手势习惯和手部特征存在差异。机器学习算法可以通过大量数据进行训练，提高系统对不同手势和手部特征的适应性和泛化能力。

4. 实时性要求

手势识别需要快速响应，确保操作的流畅性和用户体验。优化算法和高性能计算设备的应用，可以满足实时处理的需求。

手势识别技术通过提供一种自然、直观和高效的交互方式，极大地提升了机器人在医疗、食品加工、工业制造和智能家居等领域的应用价值。未来，随着技术的不断进步和创新，手势识别技术将进一步推动人机交互的发展，为各行各业带来更多便利和效益。

四、虚拟现实（VR）和增强现实（AR）

（一）提供新的交互维度

虚拟现实（VR）和增强现实（AR）技术为人机交互提供了全新的维度，极大地扩展了交互的方式和范围。在传统的触摸屏和语音交互之外，VR 和 AR 技术通过沉浸式和增强式的体验，将虚拟世界和现实世界有机结合，为用户提供更加直观、互动和高效的操作环境。

（二）VR 技术在机器人交互中的应用

VR 技术通过头戴式显示器（HMD）将用户带入一个完全虚拟的环境中，使用户能够在三维虚拟空间中与机器人进行交互。这种沉浸式体验有助于提升操作的直观性和精确性，尤其在以下几个领域应用广泛：

1. 机器人操作培训

在机器人操作培训中，VR 技术能够模拟真实的工作场景，用户可以在虚拟环境中学习机器人操作技能。通过 VR 技术，用户可以进行反复练习，熟悉机器人的操作界面和功能，不必担心在真实环境中可能造成的误操作和安全风险。虚拟培训不仅节省了时间和成本，还提高了培训效果和学员的技能水平。

2. 远程操作与监控

VR 技术允许操作员通过虚拟环境对远程机器人进行操作和监控。在危险或人类无法到达的环境中，如核电站、深海勘探和外太空作业，VR 技术为操作员提供了一个安全的控制平台。通过 VR 头盔，操作员可以实时查看机器人传回的三维环境数据，并进行精确的远程操控，提高任务的安全性和成功率。

（三）AR 技术在机器人交互中的应用

AR 技术通过将虚拟信息叠加在现实世界中，为用户提供实时的操作指引和状态反馈。AR 技术在机器人维修、操作培训和生产线管理中表现出色，其具体应用有以下几个方面：

1. 机器人维修

AR 技术在机器人维修中提供了极大的便利。维修人员佩戴 AR 眼镜或使用移动设备，可以实时查看机器人的内部结构和故障诊断信息。AR 系统能够在维修人员的视野中叠加虚拟的操作步骤和指导，指示需要检修的具体部件和工具使用方法。这种直观的维修方式提高了维修效率和准确性，减少了维修时间和错误。

2. 操作培训

在操作培训中，AR 技术可以为学员提供动态的操作指导。通过 AR 设备，学员可以在现实环境中看到虚拟的操作指示和安全提示。AR 技术能够实时反馈学员的操作情况，帮助其纠正错误并掌握正确的操作方法。相较于传统的培训方式，AR 培训显得更加生动直观，有助于提升学员的学习效果。

3. 生产线管理

在生产线管理中，AR 技术通过实时显示生产线的状态信息、设备运行情况和产量数据，帮助管理人员进行有效的监控和调度。管理人员佩戴 AR 眼镜，可以看到叠加在设备上的虚拟信息，如温度、压力和运行速度等参数，及时发现并处理生产中的问题。AR 技术提高了生产线的透明度和可控性，增强了生产效率和安全性。

五、力反馈与触觉技术

（一）提供物理反馈的意义

力反馈与触觉技术通过提供物理反馈，使用户能够"感觉"到机器人正在执行的任务。这种技术的重要性在于它能够模拟真实的物理触感，使用户在远程操控或虚拟环境中能够感知操作的阻力、质感和力度，从而进行更精确的控制。力反馈系统与触觉技术在提升机器人操作的精细度和用户体验方面具有显著作用。

（二）力反馈系统

力反馈系统是通过一系列传感器和致动器来模拟触觉和力量感知的系统。这些系统能够实时测量用户施加的力和运动，并将反馈信息传递给用户，使其感知到操作中的物理阻力和反作用力。力反馈技术应用广泛，特别是在以下几个领域：

1. 手术机器人

力反馈系统在手术机器人中发挥着至关重要的作用。通过力反馈，外科医生能够感知手术过程中遇到的组织阻力和细微的质感变化，从而进行更加精准的操作。这种触觉反馈对于微创手术尤为重要，因为它能帮助医生在不直接触摸患者组织的情况下进行复杂的手术操作，以减少手术创伤和手术风险。达芬奇手术机器人利用力反馈技术，使外科医生能够通过远程控制机械臂进行手术，感知到切割和缝合过程中遇到的阻力和质感，提高手术的精确度和安全性。

2. 装配机器人

在精密装配任务中，力反馈系统能够帮助操作员感知装配过程中遇到的阻力和对齐误差，确保组件的精确定位和安装。在电子产品装配中，力反馈技术可以帮助操作员精确插入微小的元件，防止损坏和错位，提高装配效率和质量。

3. 远程操控

在远程操控应用中，力反馈系统能够将远程环境中的物理反馈传递给操作员，使其能够感知和应对复杂的操作环境。比如，在深海探测、空间站维护等高风险环境中，操作员可以通过反馈系统感知远程机械臂的操作力度和碰撞情况，从而进行精确控制和调整，确保任务的顺利完成。

（三）触觉技术

触觉技术通过模拟真实的触感和质感，为用户提供更自然和直观的交互体验。这种技术在虚拟键盘、按钮和其他人机交互界面中具有重要应用。触觉技术的核心在于通过细腻的振动和力反馈，使用户能够感知到虚拟物体的存在和操作过程中的触感变化。

1. 虚拟键盘和按钮

在触屏设备和虚拟现实应用中，触觉技术能够模拟物理键盘和按钮的触感，使用户在操作时能够获得更加真实的反馈。在智能手机和平板电脑上，虚拟键盘通过触觉反馈技术提供打字时的振动和按键反馈，提升用户的打字体验和准确性。

2. 虚拟现实和增强现实

触觉技术在虚拟现实（VR）和增强现实（AR）中具有广泛应用。通过在 VR 头盔或 AR 眼镜中集成触觉反馈，用户可以在虚拟环境中感知到虚拟物体的质感和形状，从而进行更加自然和沉浸式的交互。在虚拟现实游戏中，触觉技术能够模拟武器的后坐力、物体的碰撞和抓取的触感，增强游戏的真实感和沉浸感。

机器人的人机界面与交互技术是确保机器人能够高效、安全地与人类合作的关键。这些技术不仅提升了用户体验，还大大扩展了机器人的应用范围。随着技术的不断进步，人机交互将变得更加自然、直观和智能，进一步推动了机器人技术在各个领域的应用和发展。

工作场所的变革与调整

机器人与人类协同工作，尤其是协作机器人（Cobots）的引入，给工作场所带来了深刻的变革与调整。这些变革不仅体现在技术层面，还涵盖了组织结构、工作流程、员工技能要求和企业文化等多个方面。

一、技术与工作流程的整合

（一）自动化与智能化

协作机器人在生产线、仓储、物流等领域得到了广泛应用。通过与人类工人的协同工作，机器人能够执行高强度、重复性和危险性的任务，而人类工人则可以专注于需要高水平判断、创意和灵活性的工作。自动化与智能化的结合，使得工作流程更加高效和精准。在制造业中，Cobots 可以处理精密装配工作，而人类工人则负责质量检查和复杂问题的解决，这种分工极大地提高了生产效率和产品质量。

（二）实时数据和监控

机器人与信息系统的整合，使得工作场所能够实现实时数据监控和反馈。传感器、物联网和大数据技术的应用，确保了机器人和人类工人在协同工作时能够共享数据和信息，优化资源配置和任务调度。这种数据驱动的工作模式，增强了决策的科学性和工作的透明度，提高了整体运营效率。

二、工作岗位和技能需求的转变

(一) 技能升级

1. 从体力劳动到高技能岗位的转变

协作机器人（Cobots）的引入和广泛应用，正在重新定义工作岗位和技能需求。在传统的制造业和物流业中，许多岗位依赖于简单的体力劳动和重复性操作，如装配、搬运和分拣等。然而，随着 Cobots 的普及，这些任务逐渐由机器人承担，使得人类工人可以从繁重的体力劳动中解放出来，转向更高技能、更高附加值的工作岗位。这种转变不仅提高了工作效率和生产力，还显著提升了工作质量和产品的精度。

2. 新技能需求

（1）机器人操作与编程

现代 Cobots 的操作和编程要求员工具备一定的技术知识和技能。与传统的工业机器人不同，Cobots 通常具有友好的用户界面和简单的编程语言，使得非专业人员也能在经过短期培训后进行操作。然而，掌握这些技能仍然需要一定的技术背景和学习能力。员工需要学习如何配置机器人、编写和优化程序、调试和故障排除等。

（2）维护与保养

机器人设备的日常维护与保养也是技能之一。员工需要了解机器人的机械结构和电子系统，掌握基本的维修和保养技能，确保机器人设备的长期稳定运行。定期的维护和及时的故障处理，可以有效延长设备的使用寿命，减少停机时间，提高生产效率。

（3）数据分析与应用

随着工业 4.0 和智能制造的发展，数据分析在生产管理中的重要性日益凸显。Cobots 在运行过程中会生成大量数据，包括操作记录、传感器数据、生产参数等。员工需要具备一定的数据分析能力，能够利用数据分析工具和软件，对这些数据进行处理和分析，发现潜在问题和优化空间，制订科学的生产计划和决策。

3. 培训与再教育

（1）企业的培训投入

为了应对技能需求的变化，企业需要加大对员工的培训与再教育的投入。

这包括内部培训和外部培训两种方式。内部培训可以利用企业自身的技术专家和设备，开展定期的培训课程和实操练习。外部培训则可以通过与高校、职业培训机构和专业培训公司合作，组织员工参加专业课程和认证考试，提升技能水平。

（2）在线学习与自我提升

随着互联网和移动技术的发展，在线学习成为员工提升技能的重要途径。企业可以通过在线学习平台，为员工提供丰富的学习资源和课程，包括视频教程、电子书籍、在线测验等，帮助员工在工作之余进行自我学习和提升。同时，企业还可以鼓励员工利用社交媒体和专业论坛，参与技术交流和讨论，获取最新的行业信息和技术动态。

（3）技能评估与晋升机制

为了激励员工不断提升技能水平，企业可以建立科学的技能评估和晋升机制。通过定期的技能评估和考核，了解员工的技能掌握情况和提升空间，制订个性化的培训计划。对于表现优异、技能水平高的员工，企业可以给予一定的奖励和晋升机会，激励更多员工积极参与技能培训和提升。

随着协作机器人的广泛应用，传统工作岗位和技能需求发生了显著变化，简单的体力劳动和重复性工作逐渐被机器人替代，而对人类工人的需求则转向了高技能、高附加值的岗位。这种变化促使企业加大对员工培训与再教育的投入，培养能够适应新技术环境的复合型人才。通过掌握机器人操作、编程、维护和数据分析等新技能，员工不仅能够提升个人职业发展空间，还能为企业带来更高的生产效率和竞争力。

（二）岗位重组

1. 工作岗位和职责的重新设计

随着机器人和人类工人协同工作的推进，企业需要对工作岗位和职责进行全面地重新设计。传统的流水线作业模式强调重复性和标准化，而在协作机器人（Cobots）和人类工人共同工作的环境中，这种模式显然已经不再适用。企业需要转向更加灵活和高效的生产单元，强调人机协作和多任务处理能力。

2. 从流水线作业到灵活生产单元

（1）传统流水线的局限性。传统流水线作业模式主要依赖于人力进行简单、重复性的操作，工作流程固定，缺乏灵活性。这种模式虽然能够满足大规模生产的需求，但在应对产品多样化和市场变化时显得力不从心。

（2）灵活生产单元的优势。灵活生产单元以人机协作为核心，能够根据生产需求进行快速调整和优化。每个生产单元可以独立完成多个生产任务，Cobots 在其中承担着重复性和高精度的操作，人类工人则负责复杂、灵活和需要判断力的任务。这种协作模式不仅提高了生产效率，还增强了生产系统的适应性和响应能力。

3. 多任务处理能力的要求

（1）技能多样化。在现代制造业中，灵活生产单元的运作，要求员工具备多样化的技能，以应对多任务处理和不同岗位之间的灵活调配。这种灵活性和多功能性不仅提升了生产效率，也增强了企业在快速变化的市场环境中的适应能力。

在灵活生产单元中，员工需要能够操作和维护各类机器人和自动化设备。这些设备包括机械臂、数控机床和自动化输送系统等，操作人员不仅需要了解设备的基本操作，还需要掌握设备日常维护和故障排除技能，以确保设备的稳定运行。通过培训员工掌握多样化的技能，企业可以减少因设备故障导致的停工时间，提升生产线的整体效率。

在现代制造过程中，质量控制是确保产品符合标准和客户需求的关键环节。员工需要掌握使用各种检测工具和设备，如测量仪器、光学检测系统和无损检测技术等，进行精确的质量检测。具备这些技能的员工可以在生产过程中实时检测和反馈产品质量，及时发现和纠正问题，避免次品的产生和资源的浪费，提高产品的合格率和客户满意度。

数据分析能力是多样化技能中的另一个重要方面。随着工业 4.0 和智能制造的推进，数据在生产管理中的作用越发重要。员工需要掌握基本的数据分析和处理技能，能够从生产数据中提取有价值的信息，用于优化生产流程和提高生产效率。员工可以利用数据分析软件，分析生产设备的运行数据，预测设备的维护需求，制订预防性维护计划，减少设备故障和生产中断。通过数据分析，员工还可以发现生产中的瓶颈和不足，提出改进措施，持续优化生产流程。

生产管理技能也是员工多样化技能的重要组成部分。员工不仅需要能够执行生产任务，还需要具备一定的管理和协调能力。特别是在团队合作和多任务处理的生产环境中，员工需要协调各个生产环节的衔接，确保生产流程的顺畅和高效。员工需要安排和协调生产任务，管理生产物料的供应和使用，监控生产进度，解决生产过程中遇到的问题，确保生产计划按时完成。这些管理技能有助于提高生产线的整体协调性和执行力，提升企业的生产效率和竞争力。

为了帮助员工掌握这些多样化的技能，企业需要制订系统的培训计划和教育计划。首先，企业应进行技能需求分析，明确灵活生产单元中所需的各类技能，并制订相应的培训目标和计划。培训内容应包括设备操作和维护、质量检测技术、数据分析方法和生产管理技巧等方面。其次，培训方式可以多样化，包括课堂教学、现场实践、在线学习和技能竞赛等，通过理论与实践相结合的方式，提高员工的学习效果和实际操作能力。

企业还应鼓励员工主动学习和持续提升技能，营造学习型组织的氛围。企业可以设立培训激励机制，对积极参与培训并取得优异成绩的员工给予奖励，激发员工的学习热情和动力。此外，企业可以提供多种学习资源和平台，如在线课程、技能培训基地和专家讲座等，帮助员工随时随地学习和提升技能。

在灵活生产单元中，员工需要具备多样化的技能，包括操作机器人和维护机器人、质量检测、数据分析和生产管理等。这些技能的掌握不仅提高了生产效率和产品质量，还增强了企业在快速变化的市场环境中的适应能力。通过系统的培训和教育，企业可以帮助员工掌握多样化的技能，提升其适应能力，为企业的可持续发展提供有力支持。

（2）跨职能协作。在现代灵活生产单元中，跨职能协作是实现高效生产的重要因素。员工不仅需要掌握多种技能，还需要具备良好的沟通和协作能力，以应对动态和灵活的任务分配和执行。这种跨职能协作能够提升生产效率、促进创新和增强企业的竞争力。

跨职能协作在灵活生产单元中具有关键作用。传统的生产模式通常是线性和固定的，每个员工在各自的岗位上执行特定的任务。然而，在灵活生产单元中，任务的分配和执行更加动态和灵活，员工需要根据生产需求的变化，快速适应不同的工作内容和岗位要求。这种模式下，跨职能协作变得尤为重要，因为它能够确保各个生产环节之间的无缝衔接，提高生产的整体效率。

员工需要能够清晰地表达自己的想法和需求，并能够理解和回应同事的意见和建议。在灵活生产单元中，任务、信息的快速传递和共享对于生产的顺利进行至关重要。当生产过程中出现问题时，员工需要迅速与相关部门和岗位的同事沟通，协作解决问题，避免生产停滞和资源浪费。通过有效的沟通，员工能够及时获取和传递关键信息，确保生产任务按时高质量完成。

智能物流：机器人技术的未来

在灵活生产单元中，员工需要与不同岗位的同事密切配合，共同完成生产任务。设备操作人员、质量检测人员和生产管理人员需要紧密合作，确保生产过程中的每一个环节都能顺利进行。设备操作人员需要了解质量检测的标准和要求，质量检测人员需要与操作人员协调，确保检测结果的准确性和及时反馈，生产管理人员则需要统筹协调各个环节的工作，确保生产计划的顺利实施。通过团队合作，员工可以互相支持和补充，发挥各自的优势，形成强大的协作合力。

在跨职能团队中，员工来自不同的岗位和专业背景，拥有不同的知识和技能。这种多样性为创新提供了丰富的资源和视角。在解决生产问题或优化生产流程时，跨职能团队可以提出更多元的解决方案，通过头脑风暴和协作讨论，找到最优的解决方案。生产操作人员的实际操作经验和质量检测人员的技术知识相结合，可以提出更切实可行的改进措施，从而提高生产效率和产品质量。

企业需要通过培训和组织结构的优化，支持和促进跨职能协作。首先，企业应为员工提供跨职能培训，帮助他们了解和掌握其他岗位的基本知识和技能。通过岗位轮换和跨部门实习，员工可以亲身体验不同岗位的工作，增加对整个生产流程的理解和认知。其次，企业需要建立有效的沟通机制和协作平台，如定期的团队会议、跨部门协作项目和在线协作工具等，促进员工之间的信息交流和协作互动。

企业应倡导协作共赢的文化，鼓励员工积极参与跨职能协作，重视团队合作和集体智慧。领导者需要以身作则，支持和推动跨职能协作，解决协作过程中遇到的困难和障碍。通过设立跨职能协作奖项和奖励机制，激励员工在工作中积极协作和创新。

跨职能协作在灵活生产单元中具有重要意义。员工需要具备良好的沟通和协作能力，与不同岗位的同事密切配合，共同完成生产任务。这不仅提升了生产效率和质量，还促进了企业创新和企业的竞争力。通过培训和组织结构优化，企业可以有效支持和促进跨职能协作，为实现高效生产和可持续发展提供有力保障。

4. 组织结构和工作流程的调整

（1）扁平化管理。在灵活生产单元中，扁平化管理是适应现代制造业需求的一种有效组织结构。传统的层级管理模式存在决策链条长、信息传递缓慢、反应速度慢等问题，不利于快速决策和灵活调整。扁平化管理通过减少中间环节，提高决策效率和执行力，为企业的灵活生产单元提供了更好的支持。

扁平化管理能够显著提高决策效率。在传统的层级管理模式中，决策通常需要经过多个层级的审批和传达，导致过程缓慢，难以及时响应生产中的突发问题。而在扁平化管理模式中，减少了管理层级，决策权更多地下放到生产单元和一线员工，决策过程得以简化和加速。生产线上的操作人员发现设备故障时，可以立即做出停机维修的决定，而无须逐级上报等待批准。这种快速决策机制确保了生产过程的顺畅，减少了因等待决策而导致的停工时间，提高了整体生产效率。

传统层级管理中的信息传递往往存在信息失真和延误的问题，而扁平化管理通过减少管理层级，缩短了信息传递的路径，确保信息能够快速、准确地传达给相关人员。一线员工在获得准确信息后，可以迅速采取行动，解决生产中的问题。此外，扁平化管理下的直接沟通和协作，有助于形成高效的工作团队，提升团队的凝聚力和执行力。在生产过程中，操作人员、质量检测人员和维修人员可以直接沟通和协作，及时解决生产中的质量问题和设备故障，确保生产的连续性和高效性。

扁平化管理还赋予生产单元更多的自主权和决策权，激发团队的创造力和积极性。在扁平化管理模式下，管理层将更多的决策权下放到生产单元，鼓励团队自主解决问题和优化生产流程。这种授权机制不仅提升了员工的责任感和参与度，还激发了他们的创造力和创新精神。生产单元可以根据实际情况，自主调整生产计划和工艺流程，优化资源配置，提高生产效率。管理层只需提供必要的支持和资源，监督和指导生产单元的工作，而不干预具体的操作细节。

为了有效实施扁平化管理，企业需要在文化和制度上进行相应的调整和支持。首先，企业文化需要倡导信任和授权，鼓励员工主动承担责任和挑战，营造开放、平等的工作氛围。管理层应以身作则，尊重和信任一线员工，支持他们的自主决策和创新实践。企业可以通过设立创新奖项和激励机制，鼓励员工提出和实施改进方案，奖励在生产优化和问题解决中表现突出的员工。

企业需要建立健全沟通机制和协作平台，促进信息的透明和共享。扁平化管理下的信息传递更加直接和频繁，需要高效的沟通工具和平台支持。企业可以利用信息技术，建立在线协作平台和即时通信工具，方便员工之间的沟通和协作，实时共享生产信息和工作进展。此外，定期的团队会议和跨部门协作项目，也有助于加强员工之间的沟通和协作，促进知识和经验的交流，提升团队的整体能力。

企业在实施扁平化管理的过程中，需要加强员工的培训和能力建设。在扁平化管理下，员工不仅需要具备专业技能，还需要具备决策、沟通和协作等综合能力。企业应通过系统的培训和教育，帮助员工提升这些能力，适应扁平化管理的要求。企业可以定期组织管理和领导力培训，提升一线主管和团队负责人的管理能力；开展跨职能培训，帮助员工了解和掌握其他岗位的基本知识和技能，提高团队的整体素质和协作能力。

扁平化管理通过减少中间环节，提高决策效率和执行力，为灵活生产单元的高效运作提供了有力支持。通过赋予生产单元更多的自主权和决策权，激发团队的创造力和积极性，企业能够更好地应对快速变化的市场需求和生产挑战。通过文化和制度的调整、沟通机制的完善以及员工能力的提升，企业可以有效实施扁平化管理，提升整体运营效率和竞争力。

（2）工作流程的优化。在适应新的工作模式过程中，企业需要对工作流程进行全面优化，这对于提升运营效率和竞争力至关重要。优化工作流程包括简化流程、减少不必要的环节、提高流程的透明度和可追溯性等，通过引入先进的信息化管理系统和自动化设备，企业可以实现生产流程的实时监控和动态调整。

简化流程是优化工作的核心。传统的生产流程往往冗长复杂，包含许多不必要的环节，这些冗余不仅增加了生产时间和成本，还容易引发错误和延误。通过流程简化，企业可以消除不增值的环节，集中资源和精力在关键的生产环节上。通过价值流图分析（VSM），企业可以识别出哪些环节是浪费，哪些环节是增值，然后通过重组和优化，减掉不必要的步骤，简化工作流程。这种简化不仅提高了生产效率，还减少了错误和返工，降低了生产成本。

减少不必要的环节是工作流程优化的另一个重要方面。在传统的工作流程中，许多环节是重复和冗余的，这些环节不仅浪费资源，还拖慢了生产进度。通过流程再造和优化，企业可以减少这些不必要的环节，简化工作流程。在制造过程中，企业可以整合和合并一些重复的检测和审批环节，通过自动化检测设备和信息化管理系统，实现一次性检测和审批，减少重复劳动和流程延误。这样，企业不仅可以提高生产效率，还可以缩短产品的交付周期，提高客户满意度。透明的工作流程有助于员工和管理层及时了解生产的进展和状态，发现和解决潜在的问题。通过信息化管理系统，企业可以实现生产过程的实时监控和数据记录，确保每一个环节的信息都可以被追溯和查阅。通过企业资源计划系统（ERP）和制造执行系统（MES），企业可以实时监控生产线的运行状态、设备的工作情况、原材料的消耗和产品的生产进度等。这些系统不仅提供了全面的生产数据，还支持数据的分析和决策，帮助企业及时发现和解决生产中出现的问题，提高整体运营效率。

引入先进的信息化管理系统和自动化设备，是实现工作流程优化的重要手段。信息化管理系统可以实现生产流程的全面监控和动态调整，提高生产的灵活性和响应速度。MES 系统能够整合生产计划、执行和反馈环节，实现生产过程的全面监控和管理。通过 MES 系统，企业可以实时调整生产计划，优化资源配置，确保生产的高效和稳定运行。自动化设备如机器人、自动化输送系统和智能仓储系统，则能够提高生产的自动化水平，减少人工操作的误差和劳动强度。自动化分拣系统可以快速准确地完成产品的分类和包装，提高生产效率和准确性。

企业需要倡导持续改进和创新的文化，鼓励员工积极参与工作流程的优化和改进。通过设立流程改进团队和奖励机制，激励员工提出和实施流程优化的建议和方案。企业还需要建立有效的沟通和协作机制，确保各个部门和岗位在流程优化中协同合作，形成合力。通过定期的流程评估和改进会议，各部门可以分享工作经验和成果，讨论和解决流程中出现的问题，共同推动工作流程的优化和改进。

工作流程的优化对于企业适应新的工作模式至关重要。通过简化流程、减少不必要的环节、提高流程的透明度和可追溯性，企业可以显著提升生产效率和运营效果。引入先进的信息化管理系统和自动化设备，可以实现生产流程的实时监控和动态调整，进一步提高整体运营效率。通过文化和组织的调整，企业可以持续推动工作流程的优化和改进，增强企业的竞争力和市场适应能力。

（3）人力资源管理的创新。随着岗位重组和工作模式的转变，企业的人力资源管理需要进行创新，以适应现代制造业和灵活生产单元的需求。传统的人力资源管理主要关注员工的招聘、培训和绩效考核，而在新的工作模式下，人力资源管理需要更加注重员工的职业发展、技能提升和团队建设。这种转变不仅有助于提升员工的个人能力和满意度，还能增强企业的整体竞争力和适应能力。

个性化的职业发展计划是人力资源管理创新的关键。传统的职业发展路径通常是固定和统一的，缺乏个性化和灵活性。在现代工作环境中，员工的需求和期望多样化，企业需要为每个员工制订个性化的职业发展计划。这种计划应考虑员工的职业兴趣、技能水平和发展目标，并提供多种职业发展路径和机会。例如，对于技术型人才，企业可以提供专业技能培训和技术岗位轮换机会；对于管理型人才，企业可以提供管理技能培训和领导力发展项目。通过个性化的职业发展计划，企业可以帮助员工明确职业目标，激励员工积极提升自身能力，促进员工的职业发展和企业的长期稳定发展。

在灵活生产单元中，员工需要具备多样化的技能，能够应对不同的工作任务和岗位要求。企业应通过系统的培训和教育，帮助员工不断提升技能，适应岗位变化和技术进步。企业可以定期组织专业技能培训，更新员工的技术知识和操作能力；通过在线学习平台和内部培训资源，提供灵活的学习方式，方便员工在工作之余进行自主学习和技能提升。持续的培训和教育不仅提升了员工的专业能力，也增强了员工的职业信心和工作积极性。

营造良好的团队文化和工作环境是激励员工积极参与岗位重组和技能提升的关键因素。在现代企业中，团队合作和协作能力越来越重要。企业需要通过营造积极向上的团队文化，促进员工之间的沟通和协作。例如，通过团队建设活动和跨部门合作项目，增强员工的团队意识和合作精神；通过公开透明的沟通机制，鼓励员工分享经验和知识，解决工作中的问题。良好的团队文化能够提高员工的归属感和工作满意度，增强团队的凝聚力和执行力。

企业需要提供良好的工作环境，保障员工的身心健康和工作效率。现代工作环境不仅包括物理环境，如工作场所的舒适度和安全性，还包括心理环境，如工作压力和员工关怀机制。例如，企业可以通过改进工作场所的设施和设备，为员工提供舒适的工作条件；通过建立员工关怀机制，如心理咨询和健康检查，关注员工的心理健康和生活质量。良好的工作环境能够减少员工的工作压力，提高工作效率和创造力，促进员工的整体发展和企业的可持续发展。

人力资源管理的创新还需要企业在政策和制度上进行相应的调整和支持。企业可以通过制定灵活的工作政策，如弹性工作时间和远程办公，满足员工的个性化需求；通过设立奖励和激励机制，如技能提升奖励和团队合作奖，激励员工积极参与岗位重组机制和技能提升。这些政策和制度的调整能够提高员工的工作积极性和创新能力，促进企业的整体发展和进步。

随着岗位重组和工作模式的转变，企业的人力资源管理需要进行创新，以适应现代制造业和灵活生产单元的需求。通过制订个性化的职业发展计划、提供持续的培训和教育机会、营造良好的团队文化和工作环境，企业可以激励员工积极参与岗位重组和技能提升,以提升员工的个人能力和满意度,增强企业的整体竞争力和适应能力。通过政策和制度的调整和支持,企业能够进一步推动人力资源管理的创新,实现企业的可持续发展。机器人和人类工人的协同工作带来了工作岗位和职责的重新设计,传统的流水线作业模式逐渐被灵活生产单元取代。这种转变要求员工具备多任务处理能力,能够在不同岗位之间灵活调配。企业管理层需要调整组织结构和工作流程,向扁平化管理转变,提高决策效率和执行力。同时,人力资源管理也需要进行创新,注重员工的职业发展和技能提升,确保员工能够适应新的工作模式。这些变革和调整,不仅提升了生产效率和企业竞争力,还为员工提供了更广阔的发展空间和更多的成长机会。

三、工作环境与文化的变化

(一)工作环境的优化

协作机器人带来的自动化和智能化,不仅提高了工作效率,还极大地改善了工作环境。机器人能够承担高强度和危险性的任务,减少员工的工作压力和安全风险,从而使工作场所更加安全和人性化。

1. 减少高强度工作

在传统的工作环境中,许多任务需要高强度的体力劳动,例如搬运重物、长时间站立或重复性操作。这些工作不仅会导致员工的疲劳,还可能引发一系列的职业病。协作机器人(Cobots)和自动导引车(AGV)、自主移动机器人(AMR)等自动化设备的引入,有效地减少了这些高强度的工作。在仓储和物流领域,AGV 和 AMR 可以替代人工搬运重物,从而减轻员工的身体负担。机器人可以连续工作,无须休息,显著提高了搬运效率和准确性,同时减少了员工的体力消耗。

2. 降低危险性工作风险

许多行业存在一定的工作危险性,例如在制造业中的高温作业、化学品处理和重型机械操作等。这些工作不仅对员工的身体健康构成威胁,还可能导致严重的安全事故。协作机器人能够在这些高风险环境中发挥重要作用。在化工厂中,机器人可以承担有毒物质的处理和搬运工作,从而减少员工接触危险化学品的机会。在制造业中,机器人可以进行高温焊接、切割等危险操作,提高了工作安全性。

3. 改善工作环境

协作机器人在改善工作环境方面也发挥了重要作用。在工厂车间，机器人可以保持工作场所的整洁和有序，减少工作区域的杂乱和安全隐患。此外，机器人还能够进行环境监测和控制，如监测空气质量、温度和湿度等，从而为员工提供更舒适的工作环境。通过自动化设备的引入，企业可以更好地控制工作环境的各项指标，确保员工在一个健康和安全的环境中工作。

4. 增强工作满意度

优化的工作环境不仅提升了安全性和舒适度，还显著提高了员工的工作满意度。当员工不再需要从事高强度和危险的工作时，他们的工作压力和疲劳感明显降低。与此同时，协作机器人让员工能够专注于更具挑战性和创造性的工作内容，如操作和维护机器人、数据分析和流程优化等。这不仅增强了员工的职业成就感，还提高了他们的职业发展机会和工作积极性。

5. 增强员工的技能和适应性

在引入协作机器人后，员工需要掌握新的技能，如机器人操作、编程和维护等。这不仅提高了员工的技能水平，还增强了他们的适应性。通过不断地培训和再教育，员工能够更好地应对工作环境的变化和技术的进步。这种技能的提升和适应性的增强，不仅有助于员工个人职业发展的长远规划，也提升了企业的整体竞争力和创新能力。

协作机器人带来的自动化和智能化，不仅提高了工作效率，还显著改善了工作环境。通过承担高强度和危险性的任务，协作机器人降低了员工的工作压力和安全风险，创造了一个更加安全和人性化的工作场所。员工在优化的工作环境中，不仅获得了更高的工作满意度和职业成就感，还通过技能的提升和适应性的增强，更好地应对未来的工作挑战。通过这些变革，企业不仅提升了生产效率和安全性，还为员工提供了更健康和可持续的工作环境。

（二）企业文化的转变

机器人与人类的协同工作，推动了企业文化的深刻转型。随着协作机器人（Cobots）和其他自动化技术的引入，企业必须适应这一变革，建立起开放、包容和创新的文化，鼓励员工积极接受新技术并提升自身技能。这样的转变不仅涉及技术和操作层面，还涉及企业文化和管理模式的深层次变革。

1. 开放与包容

为了成功引入和实施协作机器人，企业需要建立一种开放与包容的文化。这意味着企业需要开放地接受新技术和新思维，包容不同的意见和建议。在传统企业中，员工可能对新技术和自动化存在一定的抵触情绪，担心失去工作岗位或被机器人取代。企业文化的转型需要管理层积极引导员工，明确协作机器人的引入是为了提升工作效率和安全性，而非取代员工。通过开放的沟通渠道和透明的决策过程，企业可以消除员工的疑虑，增强他们对新技术的信任和接受度。

2. 鼓励创新

协作机器人带来了新的工作模式和操作流程，企业需要鼓励创新文化，激励员工探索和尝试新的工作方法。创新不仅限于技术的应用，还包括工作流程的改进和组织结构的优化。企业可以通过设立创新奖项、组织创新工作坊和提供创新资源等方式，激发员工的创造力和主动性。通过鼓励员工提出新想法和建议，企业能够不断优化机器人与人类协同工作的模式，提升整体运营效率。

3. 技术培训和技能提升

协作机器人和自动化技术的引入，使得员工需要掌握新的技能，如机器人操作、编程和维护等。企业需要重视员工的技术培训和技能提升，提供系统化的培训课程和实践机会。管理层需要投入资源，确保员工能够获得最新的技术知识和操作技能。同时，企业还可以与高等院校、培训机构合作，开展专项培训项目，培养员工的技术能力和创新思维。通过持续的培训和技能提升，企业不仅能够提升员工的工作能力，还能增强员工的工作满意度。

4. 团队协作与跨部门合作

机器人与人类的协同工作需要团队之间的紧密合作和跨部门的有效沟通。企业文化的转型应注重团队协作，鼓励员工之间的互助和协同。协作机器人在生产、物流和服务等各个环节中发挥作用，需要各部门之间的密切配合。生产部门需要与技术部门合作，以确保机器人系统的稳定运行；物流部门需要与数据分析部门合作，优化机器人路径和调度。通过加强团队协作和跨部门合作，企业可以实现机器人与人类协同工作的最大化效果。

5. 管理层的领导力

管理层在企业文化转型中起着至关重要的作用。管理层需要以身作则，积极推动技术变革和文化转型。领导者应展示对新技术的认可和支持，亲自参与培训和实践，树立榜样。管理层还需要营造良好的工作氛围，鼓励员工积极参与技术创新和工作流程优化。通过有效的激励机制和绩效评估，管理层可以激发员工的工作热情和创新动力，使员工能够充分发挥潜力，适应新的工作模式。

6. 工作氛围与员工潜力

企业文化的转型还包括营造积极的工作氛围，使员工感受到被尊重和被重视。开放的沟通环境和透明的决策过程，使员工能够参与到企业的发展中，增强他们的归属感和责任感。企业还可以通过团队建设活动、员工关怀计划和职业发展规划等方式，提升员工的工作满意度和幸福感。在一个充满支持和激励的工作环境中，员工能够充分发挥潜力，积极适应新的工作模式和技术变革。

机器人与人类的协同工作推动了企业文化的深刻转型。企业需要建立开放、包容和创新的文化，鼓励员工接受新技术并提升自身技能。通过加强团队协作和跨部门合作，管理层以身作则，营造良好的工作氛围，企业能够实现机器人与人类协同工作的最大化效果。这不仅提高了企业的生产效率和创新能力，还增强了员工的工作满意度和职业发展前景，推动企业在激烈的市场竞争中保持领先地位。

四、企业管理与战略的调整

（一）战略转型

为了有效整合机器人和人类的协同工作，企业需要进行战略调整。这种调整不仅限于技术层面，还涉及企业的整体经营策略和商业模式。通过技术创新和流程再造，企业能够实现降本增效，提高市场竞争力。一些制造企业通过引入协作机器人，转型为智能制造模式。这种转型使得企业能够实现柔性生产，灵活应对市场需求的变化，满足多样化和个性化的市场需求。在智能制造模式下，企业不仅能够提高生产效率，还能显著降低运营成本。协作机器人能够全天候工作，不仅减少了人力成本，还避免了人工操作中的错误和事故，提高了生产质量和一致性。此外，智能制造还使企业能够快速响应客户需求，通过数据分析和实时监控，优化生产计划和库存管理，减少浪费和库存积压。

在战略转型过程中，企业需要明确自身的核心竞争力，结合新技术的发展趋势，制定切实可行的发展目标和实施路径。制造企业可以通过大数据和人工智能技术，进行市场需求预测和生产优化，提升市场反应速度和客户满意度。同时，企业还需要加强与技术供应商和科研机构的合作，保持技术领先地位，确保在市场竞争中处于有利位置。

（二）管理模式的变革

新技术的引入要求企业管理模式进行相应的变革。传统的管理模式往往以层级结构为主，决策链条长、反应速度慢，难以适应快速变化的市场环境。数字化管理工具和信息系统的应用，使企业能够实现对生产和运营的实时监控和调整，提高响应速度和决策效率。通过ERP（企业资源计划）系统和MES（制造执行系统），企业可以实时获取生产数据和市场信息，进行科学的生产调度和资源配置，减少生产过程中的浪费和瓶颈，提高生产效率和产品质量。

同时，管理层需要注重员工的参与和反馈，建立以员工为中心的管理机制。员工是企业最宝贵的资源，只有充分调动员工的积极性和创造力，才能实现企业的持续发展。管理层需要通过各种渠道，如员工座谈会、问卷调查等，了解员工的需求和意见，及时调整管理策略，提升员工的归属感和满意度。在引入协作机器人后，企业可以通过培训和技能提升计划，帮助员工掌握新技术，适应新的工作环境。同时，企业可以通过绩效考核和激励机制，鼓励员工积极参与技术创新和流程优化，为企业的发展贡献智慧和力量。

企业需要构建灵活的组织结构，鼓励跨部门合作和团队协作。传统的部门壁垒和职能分工往往导致信息流通不畅和资源浪费。通过项目制和矩阵式管理模式，企业可以实现资源的高效配置和任务的快速推进。在新产品开发过程中，研发、生产、销售等部门可以组成跨部门团队，协同工作，快速响应市场需求，提高产品上市速度和市场竞争力。

企业管理与战略的调整是机器人与人类协同工作的关键环节。通过战略转型和管理模式的变革，企业能够实现技术创新和流程再造，提高生产效率和市场竞争力。在这一过程中，管理层需要注重员工的参与和反馈，建立以员工为中心的管理机制，提升员工的归属感和满意度。同时，企业需要构建

智能物流：机器人技术的未来

灵活的组织结构，鼓励跨部门合作和团队协作，实现资源的高效配置和任务的快速推进。只有这样，企业才能在激烈的市场竞争中保持领先地位，实现可持续发展。

　　机器人与人类协同工作带来的工作场所变革与调整，涵盖了技术、岗位、环境和管理等多个层面。这种变革不仅提升了工作效率和生产力，还促进了员工技能的升级和工作环境的优化。企业需要积极应对这种变化，通过战略调整和管理创新，充分发挥机器人与人类协同工作的优势，实现可持续发展。

第七章　挑战与解决方案

随着机器人技术和智能物流系统的快速发展，行业内面临的挑战也日益增多。为了实现智能物流和机器人技术的广泛应用，必须解决技术、安全、伦理和法律等方面的问题。本章将探讨智能物流和机器人技术面临的主要挑战，并提出相应的解决方案和研究方向。首先，我们将分析技术挑战和未来的研究方向，讨论如何突破当前技术瓶颈，提高系统的智能化和自动化水平。其次，探讨在机器人与人类协同工作中的安全问题和伦理考量，确保技术进步与社会责任相结合。最后，审视法规、标准和行业指导的现状，提出促进智能物流和机器人技术健康发展的政策建议和标准化措施。这些讨论将为行业的发展提供全面的指导，推动智能物流和机器人技术的可持续发展。

技术挑战与研究方向

智能物流和机器人技术的快速发展，为各行各业带来了显著的效率提升和变革。然而，随着技术的进步，行业内也面临着一系列技术挑战，这些挑战需要深入研究和创新解决方案。

一、技术挑战

（一）复杂环境中的导航与定位

在智能物流和机器人技术中，实现高精度的导航与定位是至关重要的，尤其是在复杂、多变的环境中。传统的 GPS 导航技术虽然在户外环境中表现优异，但在室内环境中，由于信号反射和遮挡，导航效果大打折扣。因此，研究和开发更加先进的室内导航技术成为当前技术领域的焦点。激光雷达技术利用激光脉冲测量物体与传感器之间的距离，通过连续的扫描和测量，形成环境的三维地图，提供厘米级的测量精度和快速的环境扫描，支持实时的导航和避障。视觉 SLAM（同步定位与地图构建）技术利用摄像头获取视觉信息，实时构建环境地图并进行自我定位，结合图像处理和 IMU 数据，实现自主定位和地图构建。多传感器融合技术通过融合激光雷达、摄像头、IMU、超声波传感器等多种传感器的数据，获得更全面、精确的环境信息，提高系统的鲁棒性和可靠性。在动态环境中，机器人需要具备实时避障和路径规划的能力，通过结合激光雷达和视觉 SLAM 技术，机器人能够实时检测环境中的动态障碍物，并进行路径调整，利用 A★ 算法、Dijkstra 算法和 RRT 等路径规划算法，动态规划最优路径。自主学习和自适应技术也被引入导航系统，通过机器学习和深度学习算法，机器人能够自主学习环境特征和任务模式，不断优化自身行为策略，提高任务执行的灵活性和适应性。这些技术的发展和应用，使机器人在复杂、多变环境中实现高精度的导航与定位成为可能，推动智能物流和机器人技术向更高水平发展。

（二）人机协同与多机器人系统

实现机器人与人类的高效协同工作以及多机器人系统的协同作业，是当前智能物流和机器人技术中的重要技术挑战之一。机器人需要具备高度的感知能力，以实时检测和了解人类的行为和意图，这依赖于先进的传感器技术，包括视觉传感器、激光雷达、超声波传感器和力传感器等，通过多模态数据融合使机器人获得全面的环境和人机交互信息。人工智能算法在这一领域发挥核心作用，机器学习和深度学习技术使机器人能够识别和理解复杂的环境和人类行为模式，多机器人系统则依赖高效的通信协议和协调机制，支持机器人之间的快速信息交换和任务分配。常见的通信技术如 Wi-Fi、Zigbee 和 5G，为机器人之间的快速信息交换提供了高带宽、低延迟的通信环境，分布式任务分配算法和集群控制算法则确保了任务的动态分配和策略调整。此外，确保人机协同的安全性是另一个关键方面，机器人需要具备智能避障和自我保护能力，通过结合传感器数据和人工智能算法，实时检测并预判可能的危险情况，采取适当的回避和防护措施。通过不断开发和优化这些技术，能够显著提升智能物流和机器人系统的效率、安全性和适应性，推动各行业向智能化、自动化方向发展。

（三）数据处理与分析

随着物联网和传感器技术的普及，智能物流系统每天都会生成海量数据，包括货物跟踪数据、仓储环境数据、运输路线数据等。高效处理和分析这些数据对于优化物流流程、提高决策效率至关重要。然而，如何实现这一目标仍然是一个技术难题，主要体现在数据采集、存储、处理和分析等方面。数据采集与传输需要通过稳定、高效的网络实现，5G 等高速低延迟网络技术可以大大提升数据传输效率。数据存储则需要云计算技术提供弹性和分布式的存储解决方案，同时需要边缘计算作为补充，减少数据传输量和延迟，提高数据处理的实时性和安全性。数据处理与分析环节需要强大的计算能力和高效算法，大数据技术提供了数据清洗、整合、挖掘的方法，实时数据处理技术如 Apache Kafka 和 Apache Flink 适用于物流系统中的实时监控和快速响应需求。机器学习和人工智能技术也为数据分析提供了新的思路，通过深度学习和自然语言处理等方法，系统可以实现对物流数据的预测和优化。然而，实际应用中仍面临数据质量、隐私安全和算法优化等挑战，需要在技术研究和应用实践中不断探索和创新。

（四）能源管理

在长时间和高强度的工作环境中，机器人对高效能源管理系统的需求尤为迫切。当前，电池技术的限制是主要瓶颈，使得机器人在续航和工作时间上受到制约。为解决这一问题，需要深入研究和开发新型电池技术，如氢燃料电池和固态电池，这些技术具备更高的能量密度和更好的安全性，能够提供更长的续航时间和更高的工作效率。无线充电技术则提高了充电的便捷性和灵活性，通过设置无线充电站，机器人可以在工作间隙或任务转移过程中进行充电，减少因电池耗尽而停工的时间。智能能源管理系统通过实时监控和优化机器人的能源使用情况，确保任务执行时的能量充足，并结合能源回收技术进一步提高能源利用率。研究新材料如高效能电极材料和电解质材料，通过纳米技术和新型复合材料的应用，能够显著提升电池的能量密度和寿命。这些方面的持续研究和创新，将推动机器人在各领域的广泛应用，实现长时间、高强度工作的目标。

（五）安全性与可靠性

在工业环境和公共场所中，机器人的安全性与可靠性至关重要，需要开发先进的安全检测和防护系统，确保机器人在工作过程中不会对人类和环境造成伤害。这些系统包括激光雷达、超声波传感器和摄像头，实时监测周围环境，识别人类、障碍物和潜在危险，并在检测到风险时立即停止或调整机器人的动作。智能算法的应用进一步提升了机器人的决策能力，使其能够自主识别风险并采取防护措施。此外，提高机器人的可靠性和减少故障率也是一项技术挑战，涉及机械结构设计、控制系统稳定性和软件算法优化。通过使用高质量材料、实施冗余设计和预防性维护策略，可以确保机器人在长时间运行中保持高效稳定。实时监控和远程诊断技术的发展也有助于提高机器人的可靠性，通过物联网和大数据技术实时收集和分析机器人运行数据，预测故障并提前维护，减少停机时间，提高整体运营效率。综合来看，确保机器人的安全性和可靠性需要从硬件设计、软件算法、标准规范和维护策略等多方面入手，通过技术创新和系统集成，全面提升机器人在各种应用环境中的安全性能和可靠性。

二、研究方向

（一）智能感知与识别

在未来的研究中，智能感知与识别技术的发展将是机器人领域的关键。为了提升机器人的感知能力，需要融合多种传感器数据，如视觉、听觉和触觉等，从而实现对复杂环境和人类行为的准确感知与识别。

（二）自主学习与自适应控制

自主学习与自适应控制是机器人技术中至关重要的研究方向，旨在通过引入机器学习和深度学习算法，使机器人能够自主学习环境特征和任务模式，并逐步优化自身的行为策略，提高任务执行的灵活性和适应性。这些技术不仅能够提升机器人的自主性和智能水平，还能够使机器人在各种复杂环境中高效、稳定地工作。

（三）高效的能源解决方案

提高机器人能源利用效率和开发新型能源解决方案是未来机器人研究的关键领域。这些研究不仅关系机器人的续航能力和工作效率，还影响其在各种应用场景中的可持续性和经济性。

安全问题与伦理考量

在智能物流和机器人技术的广泛应用中，安全问题与伦理考量成为不可忽视的重要议题。确保机器人和自动化系统的安全运行，以及合理应对，由此产生的伦理问题，是技术发展过程中必须解决的关键挑战。

一、安全问题

（一）操作安全性

机器人在与人类共同工作的环境中，必须具备高度的操作安全性。为了防止对人类造成伤害，机器人需要配备先进的传感器系统和避障技术，实时监测周围环境并迅速响应潜在的危险情况。在协作机器人（Cobots）中，通过力传感器和视觉传感器检测人类的存在和动作，一旦检测到潜在的碰撞风险，机器人会立即减速或停止。

（二）系统可靠性

智能物流系统的高效运作依赖于其可靠性。任何硬件故障或软件错误都会导致物流中断，造成经济损失和安全隐患。因此，需要开发高可靠性的硬件组件、冗余设计以及先进的故障预测与诊断技术，以提高系统的稳定性和可靠性。在自动驾驶车辆中，采用多重冗余设计的传感器和控制系统，确保在某一组件失效时，仍能安全完成任务。

（三）数据安全

在智能物流系统中，大量的传感器和设备通过物联网（IoT）进行连接，产生并传输海量数据。这些数据的安全性和隐私保护至关重要。需要采用强大的加密技术和网络安全措施，防止数据泄漏和网络攻击，确保物流操作的连续性和安全性。采用区块链技术对物流数据进行加密存储和验证，以确保数据的完整性和不可被篡改性。

二、伦理考量

（一）工作岗位替代

岗位替代是机器人和自动化技术普及带来的重要挑战之一。随着这些技术在各行业的广泛应用，许多传统工作岗位面临消失的风险。这不仅影响了工人的就业机会，还可能导致社会的不稳定。为了应对这一问题，企业和政府需要共同努力，制定相应的政策和措施，促进劳动力市场的转型和再教育。

提供广泛的培训和技能提升计划至关重要。随着自动化技术的发展，新的工作岗位往往需要更高的技术含量和专业知识。政府和企业应合作开发培训项目，帮助工人掌握机器人操作、编程、维护等新技能。这些项目可以通过职业培训机构、高校和在线学习平台等多种途径进行，确保工人能够方便地获得所需的教育资源。一些国家已经开始实施再培训计划，通过政府资助的培训项目，帮助因自动化失业的工人转向技术含量更高的岗位。

企业应当积极参与员工技能提升的过程。企业可以通过内部培训、合作教育计划和学徒制等方式，为员工提供学习和发展的机会。一些前沿企业已经开始在这方面采取措施，例如设立技术学院或与教育机构合作，开发针对性的课程，帮助现有员工提升技能，适应新的工作需求。这不仅有助于员工个人发展，也能提高企业的整体竞争力。

政府应制定鼓励企业进行技术培训和员工再教育的激励政策，如税收优惠、培训补贴和就业保障计划等。这些政策可以减轻企业在转型过程中承担的负担，激励更多企业投入员工技能提升的工作中。同时，政府还应建立和完善社会保障体系，因为自动化技术而失业的工人提供基本生活保障，减轻社会的不稳定因素。通过大数据和人工智能技术，政府可以更好地了解和预测哪些行业和岗位将受到自动化技术的影响，并制订相应的政策和培训计划，确保劳动力市场供需平衡。可以开发劳动力需求预测模型，帮助教育和培训机构调整课程设置，培养符合市场需求的人才。

社会各界应提高对机器人和自动化技术带来的变化的认识和理解。通过开展科普教育、举办研讨会和论坛等形式，增进公众对技术变革的理解，减少恐慌和抵触情绪。这有助于社会整体更好地接受和适应技术进步带来的变化，促进社会的和谐稳定。

工作岗位替代是自动化和机器人技术普及带来的必然结果，但通过政府、企业和社会各界的共同努力，可以实现劳动力市场的顺利转型。通过提供培训和技能提升计划、制定激励政策和完善社会保障体系，可以帮助工人适应新的工作环境，确保社会的稳定和经济的可持续发展。

（二）隐私保护

隐私保护是智能物流系统中一个重要的伦理问题。随着物联网、传感器和人工智能技术的广泛应用，大量个人和商业数据在物流过程中被采集、传输和处理。这些数据包括但不限于用户的个人信息、购买记录、地理位置、企业运营数据等。如何有效保护这些数据的隐私，确保数据在使用过程中的透明性和合法性，是智能物流发展的关键。

制定严格的数据保护政策和法规是保障隐私的基础。各国政府和相关行业组织需要制定并执行严格的数据保护法规，确保数据采集和使用过程中的合法性。《通用数据保护条例》（GDPR）在欧洲为数据保护设立了高标准，要求企业在处理个人数据时必须获得用户明确的同意，并在数据泄漏时通知受影响的个人和监管机构。类似的法规需要在全球范围内推广和实施，以确保智能物流系统中的数据保护符合国际标准。

明确数据采集和使用的范围和目的，是保障数据隐私的重要措施。智能物流系统需要透明地向用户和企业解释数据采集的具体内容、目的和使用范围。企业应当在数据采集前告知用户其数据将如何被使用，并确保用户明确知情和同意。当物流公司使用数据来优化配送路线和提升服务质量时，需要清晰地告知用户这些数据的具体用途，并确保数据仅用于预定的合法目的。

提供数据删除和修改的权利是保障用户隐私的关键。用户应有权访问、修改和删除其个人数据。在智能物流系统中，企业需要建立便捷的机制，允许用户随时查询其数据使用情况，并在需要时进行修改或删除。物流平台可以在用户界面上提供专门的隐私管理选项，让用户自主选择是否允许平台采集和使用其数据，并随时调整隐私设置。

在技术层面，加强数据安全措施是保护隐私的重要手段。智能物流系统应采用先进的数据加密、匿名化处理和访问控制技术，防止数据在传输和存储过程中被未授权访问和篡改。企业可以使用端到端加密技术保护数据传输安全，并通过访问控制和身份验证机制，确保只有授权人员和系统能够访问敏感数据。

数据透明性和合规性审查也是确保数据隐私保护的重要方面。企业需要定期进行内部和外部审计，确保数据处理过程符合既定的隐私政策和法规要求。这包括审查数据采集、存储、处理和销毁的全过程，确保每一个环节都符合隐私保护标准。企业可以邀请第三方机构进行隐私保护合规性评估，并根据审查结果不断改进数据保护措施。

提高用户和员工的隐私保护意识是长期保障数据隐私的根本。企业应当通过培训和宣传，增强用户和员工对隐私保护重要性的认识，教导他们如何在日常工作和生活中保护个人隐私和商业数据的隐私。定期开展数据保护培训和研讨会，提高全员的数据安全意识和技能，建立全员参与的数据保护文化，并建立奖惩制度。

（三）决策透明性

决策透明性在智能物流系统中尤为重要，随着这些系统越来越依赖复杂的算法和人工智能来进行决策，这些过程对用户来说常常是不透明的。决策过程的不透明性可能引发关于公平性和公正性的质疑，因此，确保算法的透明性和可解释性，并建立相应的监督机制，是至关重要的。

1. 算法透明性和可解释性

智能物流系统中的算法通常涉及大数据分析、机器学习和深度学习技术，这些技术虽然在提升效率和优化流程方面有显著优势，但其决策过程往往是一个"黑箱"，即外界难以理解其具体的决策逻辑。为了提高透明性，企业应努力开发和应用可解释的人工智能（XAI）技术，这些技术能够提供关于算法决策过程的清晰解释，使用户能够了解系统的工作原理和决策依据。XAI技术可以在配送路径优化和库存管理中，详细解释为何选择特定的路线或库存策略，从而增加决策的透明度和用户的信任。

2. 建立独立的算法审计机构

独立的算法审计机构可以对智能物流系统中的算法进行定期评估和监督，确保其运行符合道德和法律标准。这些机构需要具备专业的技术能力和独立性，能够客观公正地审查算法的设计、实现和应用过程。算法审计机构可以对配送算法进行公平性测试，检查是否存在歧视性因素或不公平的优先级设置，并提出改进建议，确保算法在实际应用中的公平性和公正性。

3. 透明的决策过程和用户知情权

智能物流系统应在决策过程中向用户提供足够的信息，使其能够了解和参与决策。物流平台可以向用户展示配送路径的选择理由、货物优先级设置等信息，并允许用户对决策提出反馈和质疑。通过增加用户知情权和参与度，提升决策过程的透明性和公正性。

4. 监督机制的建立和实施

企业需要制定明确的算法治理政策和监督机制，确保算法在整个生命周期内的透明性和可解释性。企业可以设立内部算法伦理委员会，负责监督算法的开发和应用过程，评估算法的伦理和法律合规性，并针对潜在的问题提出解决方案。与此同时，企业还可以定期发布算法透明性报告，公开算法的运行情况和审计结果，接受公众和行业的监督。

5. 培训和意识提升

企业应通过培训和教育，增强开发人员和管理层的算法透明性和伦理意识，使其在算法设计和应用过程中始终遵循公平、公正和透明的原则。通过举办算法伦理研讨会和培训课程，提高全员对透明性和公正性的认识，培养一种以透明和公平为核心的企业文化。

6. 法律和政策的支持

各国政府和行业组织应制定和实施相关法律法规，明确智能物流系统中算法透明性和公正性的要求。出台专门的算法治理法规，规定算法透明性和审计的标准和程序，并建立相应的监管机构，确保法规的有效实施。

确保智能物流系统中的决策透明性和公正性，需要通过开发可解释的人工智能技术、建立独立的算法审计机构、增加用户知情权和参与度、制定监督机制和治理政策、提高培训和意识水平，以及法律和政策的支持等多方面的努力。只有这样，才能在保障透明性和公正性的前提下，充分发挥智能物流系统的优势，提升用户的信任度和满意度。

未来，随着智能物流和机器人技术的进一步发展，安全问题和伦理考量将变得更加复杂和重要。这需要在技术研发、政策制定和社会文化等多个层面进行综合治理，确保技术进步与社会发展的协调统一。通过建立健全的安全标准和伦理规范，推动技术创新和社会进步，最终实现智能物流系统的可持续发展和广泛应用。

法规、标准与行业指导

智能物流行业的法规、标准与行业指导是确保行业健康、有序发展的基石。这些规范不仅保障了技术和服务的安全性、可靠性和公正性，还为企业的运营和创新提供了明确的指引。以下是对这一主题的深入论述。

一、行业法规

（一）数据保护法规

在智能物流系统中，数据保护法规的实施是确保数据隐私和安全的重要环节。智能物流系统通过物联网、人工智能和大数据等技术，采集并处理大量的个人和商业数据。这些数据包括用户的个人信息、购买记录、物流轨迹等，都是企业运营和优化服务的重要资源。然而，这些数据的使用也带来了隐私泄漏和数据滥用的风险，因此，各国和地区纷纷制定了严格的数据保护法规，以保障数据的安全性和合法性。欧盟的《通用数据保护条例》（GDPR）和我国的《中华人民共和国个人信息保护法》（以下简称个人信息保护法）是其中具有代表性的两部法规。

GDPR 是欧盟于 2018 年 5 月正式实施的一项数据保护法规，其目的在于保护欧盟公民的个人数据隐私，规范数据处理活动。GDPR 明确规定了数据采集、存储、处理和共享的法律要求，企业必须在收集用户数据时获得用户明确的同意，并且向用户提供删除和修改数据的权利。此外，GDPR 要求企业在发生数据泄漏时，必须在 72 小时内通知监管机构和受影响的用户，并采取措施减轻数据泄漏的影响。违反 GDPR 的企业将面临最高 2000 万欧元或全球年营业额 4% 的巨额罚款，从而督促企业加强数据保护措施。

我国的个人信息保护法于 2021 年 11 月正式实施，是首部系统性、综合性的数据保护法律。该法对个人信息处理活动进行了全面规范，明确了数据处理的基本原则和合规要求。企业在处理个人信息时，必须遵循合法、正当、必要和诚信的原则，取得个人的明确同意，并告知处理信息的目的、方式和范围。此外，个人信息保护法还规定了数据跨境传输的合规要求，企业在向境外提供个人信息时，必须通过安全评估或获得监管机构的批准，确保跨境数据传输的安全性。违反个人信息保护法的企业将面临高额罚款和其他法律制裁，进一步强化了数据保护的法律约束力。

这些数据保护法规的实施对企业提出了严格的合规要求，促使企业在数据处理过程中更加重视数据安全和隐私保护。为了满足法规要求，企业需要采取一系列技术和管理措施，如加密技术、访问控制、数据匿名化等，确保数据在传输、存储和处理过程中的安全性。此外，企业还需要建立健全数据保护管理体系，定期开展数据保护培训和安全审计，提升员工的安全意识和合规能力。

通过严格的数据保护法规，各国政府不仅保护了用户的隐私权和数据安全，还促进了企业数据处理活动的规范化和透明化。这不仅有助于提升用户对智能物流服务的信任度和满意度，也为企业的长远发展创造了良好的法律环境和市场条件。在未来，随着技术的不断进步和数据保护需求的不断提高，数据保护法规将进一步完善和强化，推动智能物流行业的健康可持续发展。

（二）安全与责任法规

在智能物流系统中，自动化设备和机器人的使用带来了极大的效率提升和运营优化，但同时引发了新的安全和责任问题。为了确保这些自动化设备和机器人在操作过程中不会对人类和环境造成伤害，各国和地区制定了严格的安全法规和责任法规。

美国的《机器人安全标准》（以下简称 R15.06 标准）是专门针对工业机器人设计和使用的安全标准。该标准由机器人产业协会（RIA）制定，旨在确保机器人系统的安全性和可靠性。R15.06 标准涵盖了机器人及其外围设备的设计、制造、安装、操作和维护等方面的要求。具体内容包括机器人工作区的安全围栏、紧急停止装置、传感器系统的可靠性等。此外，标准还强调了对操作人员的安全培训和应急响应能力的提升。通过遵循 R15.06 标准，企业可以有效减少机器人系统在操作过程中对人类和环境的潜在威胁。

国际电工委员会（IEC）发布的《机器人与机器人设备安全要求》（以下简称 IEC 61508）是另一个重要的安全标准。IEC 61508 标准是一套功能安全标准，适用于包括机器人在内的各类电气和电子系统。该标准定义了从概念阶段到退役的整个生命周期内，确保系统安全性的必要措施。IEC 61508 标准要求系统设计者在设计阶段进行风险评估，并采取适当的措施减小风险。此外，标准还规定了系统的验证和验证方法，以确保在实际应用中能够达到预期的安全性能。通过严格遵守 IEC 61508 标准，企业能够确保机器人设备在复杂的操作环境中具备高可靠性和高安全性。

除了安全标准，各国和地区还制定了相关的责任法规，明确了在智能物流系统发生安全事故时，企业的责任和赔偿义务。欧盟的《产品责任指令》明确规定了制造商对因产品缺陷造成的损害负有责任。这意味着，如果智能物流系统中的自动化设备或机器人因设计缺陷或制造问题导致人身伤害或财产损失，制造商需要承担相应的赔偿责任。这一规定促使企业在设计和制造过程中更加重视产品质量和安全性。

在美国，R15.06 标准同样对制造商和用户的责任作出了明确规定。如果机器人在运行过程中出现安全问题，导致操作人员受伤或设备损坏，则相关责任方需要承担相应的法律责任和经济赔偿。这不仅包括直接的医疗费用和修理费用，还可能包括因事故造成的生产停工损失和其他间接损失。这样的法规确保企业在部署智能物流技术时，将安全性和责任放在首位。

在我国，近年来也出台了一系列与智能物流相关的安全与责任法规。《工业机器人安全规范》和《服务机器人安全要求》等标准，明确了机器人系统在设计、制造和使用过程中的安全要求。此外，民法典和产品质量法也对因产品缺陷或使用不当导致的损害赔偿问题进行了规定，明确了企业在智能物流系统中使用自动化设备和机器人时的法律责任。

这些安全和责任法规的制定与实施，确保了智能物流系统在高效运行的同时，不会对人类和环境造成不必要的风险。通过遵守这些法规，企业不仅能够提升自身的安全管理水平，还能增强市场竞争力和用户信任度。在未来，随着智能物流技术的不断发展，安全和责任法规也将不断完善，进一步推动行业的健康可持续发展。

二、行业标准

（一）技术标准

智能物流技术的快速发展催生了多种自动化设备和系统，这些设备和系统需要在不同的环境和应用中互操作，以实现高效、可靠的物流管理。为了确保这些设备和系统的互操作性和兼容性，制定统一的技术标准是至关重要的。

自动导引车（AGV）和自主移动机器人（AMR）在现代物流系统中发挥

着重要作用。它们能够在仓库、生产车间和配送中心等环境中自主移动和执行任务。然而，不同厂商生产的 AGV 和 AMR 可能采用不同的通信协议和导航技术，如果没有统一的标准，这些设备在同一系统中协作时可能会遇到兼容性问题，影响整体效率和可靠性。为了应对这一挑战，国际标准化组织（ISO）和国际电工委员会（IEC）等机构制定了相关技术标准。

ISO 3691-4《工业车辆 安全要求和验证 第 4 部分：自动导引车辆和相关设备》是专门针对 AGV 制定的标准。该标准规定了 AGV 的设计、制造、安装、操作和维护的安全要求，确保其在使用过程中的安全性和可靠性。ISO 3691-4 涵盖了 AGV 的机械和电气安全、控制系统、安全防护装置以及操作环境等方面的要求。通过遵守这一标准，制造商可以确保其生产的 AGV 符合国际安全标准，用户也可以在选购和使用 AGV 时，有一个统一的参照标准，确保设备的安全性和兼容性。

IEC 62890《工业过程测量控制和自动化关键字：自动化设备生命周期管理》则是针对工业自动化设备的生命周期管理标准。该标准提供了自动化设备从设计、制造、安装、运行、维护到退役的全过程管理指南。IEC 62890 标准强调设备在整个生命周期内的兼容性和互操作性，通过规范设备的通信协议、数据格式和接口标准，确保不同设备在同一系统中的无缝协作。对于 AGV 和 AMR 等自动化设备来说，遵循 IEC 62890 标准可以确保它们在各个生命周期阶段的高效管理和可靠运行，减少维护成本，提高系统的整体效能。

这些标准的制定不仅提高了设备的安全性和可靠性，还促进了智能物流行业的标准化和规范化发展。ISO 3691-4 和 IEC 62890 标准的实施，可以帮助制造商在产品设计和制造过程中遵循统一的规范，避免因标准不一致而导致的兼容性问题。同时，用户在选购和使用自动化设备时，也可以根据这些标准进行评估和选择，确保设备的质量和性能。

统一的技术标准还推动了行业内的创新和竞争。制造商在遵循标准的基础上，可以在技术和功能上进行差异化创新，提高产品的竞争力。而用户则可以在更广泛的市场中选择符合标准的优质设备，提升物流系统的整体效率和效益。

智能物流技术标准的制定和实施，是确保自动化设备和系统互操作性与兼容性的关键。通过 ISO 和 IEC 等国际标准化机构的努力，智能物流行业正在朝着更加规范化、标准化的方向发展。这不仅提升了设备的安全性和可靠性，也促进了行业的创新和竞争，推动智能物流技术的持续进步和广泛应用。

（二）操作标准

为了确保智能物流系统的高效运作和服务质量，行业需要制定详细的操作标准，这对于规范各个环节的操作流程和保障系统稳定性至关重要。仓储管理系统和运输管理系统的操作标准，是智能物流系统的重要组成部分。

仓储管理系统操作标准规范了仓储管理中的库存管理和订单处理流程。在库存管理方面，标准明确了货物入库、出库、存储和盘点的具体操作步骤和要求。通过制定统一的操作流程，仓库工作人员能够准确记录和追踪每件货物的位置和状态，避免库存错误和货物丢失。同时，标准还规定了订单处理的各个环节，包括订单接收、拣货、包装和发货，确保每个环节都能高效运作，并减少人为错误，提高订单处理的准确性和及时性。

在运输管理方面，运输管理系统操作标准规范了运输调度和车辆管理流程。标准详细规定了运输计划的制订、车辆调度、路线优化和货物追踪等操作步骤。通过制定统一的调度流程，运输管理人员可以合理安排运输资源，优化运输路线，降低运输成本，提高运输效率。此外，标准还包括车辆维护和管理的具体要求，确保运输车辆在良好状态下运行，减少运输过程中可能出现的故障和延误。

操作标准还涉及设备维护和故障处理流程。智能物流系统中使用的自动化设备和机器人需要定期维护和检查，以确保其正常运行。标准规定了设备的日常维护、定期检查和故障处理的具体步骤和时间间隔，确保设备在使用过程中保持最佳状态。遇到设备故障时，标准明确了故障报告、诊断和修复的具体流程，确保问题能够及时被发现并解决，减少因设备故障导致的系统停机时间和运营损失。

所有操作人员需要接受严格的培训，熟悉各项操作标准和流程，确保在实际操作中能够严格执行。标准的制定和执行不仅规范了操作流程，还为操作人员提供了明确的指导和参考，减少了操作中的不确定性和随意性，提高了操作的规范性和一致性。

通过制定和执行详细的操作标准，智能物流系统能够实现高效、准确和一致的运作。这不仅提高了系统的整体效率和服务质量，还增强了客户的信任度和满意度。操作标准的规范化管理，为智能物流系统的可持续发展和不断优化提供了坚实的基础。

三、行业指导

(一)行业指南

行业协会和标准组织发布的智能物流行业指南,旨在帮助企业了解和实施相关法规和标准,提升运营效率和服务质量。这些指南由国际物流与运输协会(ILTSA)和国际仓储物流协会(IWA)等权威机构发布,涵盖智能物流系统的最佳实践和案例分析,为企业提供了全面的指导。

行业指南在技术选型方面提供了详尽的建议。智能物流系统涉及多种先进技术,如自动导引车(AGV)、仓储管理系统(WMS)和运输管理系统(TMS)等。行业指南详细介绍了各类技术的优缺点、适用场景和选型标准,帮助企业根据自身需求选择最合适的技术解决方案。行业指南会建议企业在选择AGV时,考虑其负载能力、导航精度和运行稳定性等因素,以确保AGV能够满足仓储和运输的实际需求。

智能物流系统的高效运作离不开各个子系统的无缝集成。行业指南详细介绍了系统集成的步骤和关键技术,包括硬件设备的连接、软件系统的对接和数据接口的开发等。通过遵循这些指导,企业可以确保各个子系统之间的高效协同,避免信息孤岛和数据不一致的问题,提升整体物流系统的运行效率。在人员培训方面,行业指南强调了培训的重要性,并提供了详细的培训计划和内容。智能物流系统的复杂性要求操作人员具备相应的技术知识和操作技能。行业指南建议企业定期组织技术培训和技能提升计划,确保操作人员熟悉各项操作标准和流程,能够正确使用和维护自动化设备和系统。培训内容包括设备操作、系统维护、安全操作规程和应急处理等,全面提升操作人员的专业素养和应对能力。

智能物流系统在运行过程中可能面临各种风险,如设备故障、系统崩溃和数据泄漏等。行业指南详细介绍了风险识别、评估和应对的步骤和方法,帮助企业建立完善的风险管理体系。行业指南建议企业定期进行设备检查和维护,制订应急预案和演练计划,确保在突发情况下能够快速响应和恢复正常运营。

行业指南还通过具体案例分析,展示了智能物流系统在实际应用中的成功经验和教训。这些案例分析涵盖了不同规模、不同类型企业的智能物流实施经验,并提供了宝贵的实践参考。行业指南详细介绍了某企业在引入智能仓储系统后,通过优化仓储布局和提升拣货效率,实现了库存管理的精细化

智能物流：机器人技术的未来

和订单处理的快速化。这些成功案例不仅提供了实践经验，还为其他企业的实施提供了借鉴和启示。

行业协会和标准组织发布的智能物流行业指南，通过技术选型、系统集成、人员培训和风险管理等方面的详细指导，帮助企业全面了解和实施相关法规和标准，提升运营效率和服务质量。这些指南为企业提供了系统化、标准化的操作规范和最佳实践，推动了智能物流行业的健康发展和持续创新。

（二）政策支持

各国政府通过制定产业政策和提供资金支持，积极推动智能物流技术的发展和应用。以中国为例，政府发布了《智能制造发展规划（2016—2020年）》和《物流业发展中长期规划（2014—2020年）》，明确了智能物流的发展方向和目标。这些政策文件不仅设定了智能物流的发展路线，还为企业创新和技术应用提供了战略指导。

1. 资金支持

政府通过设立专项资金和提供低息贷款，帮助企业减轻研发和应用智能物流技术的资金压力。这些资金支持可以用于技术研发、设备采购和系统集成等关键环节，促进智能物流项目的顺利实施。中国政府在多个省市设立了智能制造专项资金，支持本地企业进行智能物流技术的创新和应用，提升区域经济竞争力。

2. 税收优惠政策

通过减免企业所得税、增值税和设备进口税等税收优惠，政府鼓励企业加大对智能物流技术的投入。这些税收优惠政策不仅降低了企业的运营成本，还提高了企业投资智能物流的积极性，推动了行业整体技术水平的提升。中国政府对符合条件的智能制造企业给予高新技术企业认定，享受税收优惠政策，大大减轻了企业的税收负担。

3. 制度保障

此外，政府还通过制定标准和规范，为智能物流行业的健康发展提供了制度保障。统一的行业标准和技术规范，确保了智能物流系统的互操作性和兼容性，促进了技术的广泛应用和推广。国家标准化管理委员会发布了一系列智能物流相关的国家标准，涵盖了自动导引车（AGV）、仓储管理系统（WMS）和运输管理系统（TMS）等多个方面。这些标准的制定，为企业技术研发和产品开发提供了明确的指导,也为市场监管和行业自律提供了依据。

4. 支持技术推广

政府还通过公共服务平台建设,支持智能物流技术的推广应用。建设智能物流公共服务平台,提供技术咨询、培训和试验验证等服务,帮助企业解决技术难题,提升技术水平。中国多个城市建设了智能物流创新中心和示范园区,集中资源和力量,推动智能物流技术的研发和应用。这些公共服务平台,不仅为企业提供了技术支持,还促进了产学研合作和技术成果转化,加快了智能物流技术的产业化进程。

在政策支持下,智能物流技术的应用范围不断扩大,企业的创新能力和市场竞争力显著提升。京东物流通过智能仓储系统和自动化分拣设备的应用,大幅提高了物流效率,缩短了订单处理时间,提升了客户满意度。菜鸟网络通过智能物流平台的建设,实现了物流资源的共享和优化,降低了物流成本,提升了行业整体运营效率。

政府通过制定产业政策和提供资金支持,积极推动智能物流技术的发展和应用。通过资金支持、税收优惠、标准制定和公共服务平台建设等多种手段,政府为企业提供了良好的发展环境,促进了智能物流技术的创新和推广,为行业的健康发展创造了有利条件。这些政策支持不仅提升了企业的技术水平和市场竞争力,还推动了智能物流行业的整体进步,为经济社会的高质量发展提供了有力支撑。

四、监管与监督

(一)监管机构

各国和地区设立了专门的监管机构,负责智能物流行业的监督和管理,以确保系统的安全性和合规性。美国的职业安全与健康管理局(OSHA)和欧洲的电子通信委员会(ECC)是两个典型的监管机构,负责在各自辖区内监督智能物流系统的实施和运行。

OSHA(职业安全与健康管理局)在美国的职能之一是确保工作场所的安全和健康。对于智能物流系统,OSHA通过制定和实施安全标准,确保自动化设备和机器人在运行过程中不会对工人造成伤害。OSHA定期对企业进行检查和审计,评估企业是否符合相关安全标准,如机器人操作规范、设备维护程序和员工培训要求。对于发现的安全隐患或违规行为,OSHA会要求企业立即整改，并可能对严重违规行为进行罚款或其他形式的处罚。通过这些措施，OSHA确保了智能物流系统的安全性，减少了工伤和事故的发生。

在欧洲，电子通信委员会（ECC）负责监督和管理智能物流系统的通信和技术标准。ECC制定了多项技术规范，确保自动导引车（AGV）、自主移动机器人（AMR）和其他智能设备在通信和互操作性方面符合标准。ECC还通过频谱管理和设备认证，确保无线通信设备在智能物流系统中的使用不会引发干扰和安全问题。ECC定期对企业进行审计，评估其设备和系统是否符合欧盟的技术标准，并对违规行为进行相应处罚。这种严格的监管机制，保障了智能物流系统在欧洲的安全性和可靠性。

除了安全和技术标准，监管机构还关注智能物流系统的隐私和数据保护问题。在智能物流系统中，大量的个人数据和商业数据被采集和处理，监管机构需要确保这些数据的收集、存储和使用符合隐私保护法规。美国和欧洲都有专门的隐私保护法规，如《通用数据保护条例》（GDPR）和《加利福尼亚州消费者隐私法》（CCPA），监管机构负责监督企业遵守这些法规，确保用户数据的安全和隐私。对于违反数据保护法规的企业，监管机构会进行调查并实施处罚，包括高额罚款和公开曝光，以督促企业加强数据保护措施。

此外，监管机构还通过发布指南和报告，帮助企业了解和遵守相关法规和标准。OSHA和ECC定期发布安全指南、技术规范和最佳实践，指导企业如何在实际操作中应用这些规定。OSHA发布了《机器人系统安全要求》和《自动化设备操作指南》，详细介绍了安全操作流程、风险评估方法和应急处理措施。这些指南和报告不仅为企业提供了合规操作的具体指引，还帮助企业提升内部管理水平，优化智能物流系统的安全性和效率。

各国和地区通过设立专门的监管机构，如美国的OSHA和欧洲的ECC，确保智能物流系统的安全性和合规性。这些监管机构通过定期检查、审计和处罚机制，督促企业遵守相关法规和标准，保障系统的安全运行。同时，监管机构还发布指南和报告，帮助企业了解和应用法规和标准，提升其管理水平和操作效率。这些监管措施共同构建了智能物流行业的安全和合规环境，促进了行业的健康和可持续发展。

（二）评估与认证

为了提高智能物流系统的安全性和可靠性，行业内建立了评估与认证机制。ISO（国际标准化组织）和IEC（国际电工委员会）等标准组织提供的认证服务,旨在确保企业的智能物流系统符合国际标准,从而提高系统的整体质量和安全水平。评估与认证机制通过系统性的检查和测试,确保企业在设计、制造和运营智能物流系统时遵循最佳实践和技术规范。

ISO 和 IEC 等标准组织制定了多项针对智能物流系统的技术标准和安全规范。ISO 3691-4《工业车辆 安全要求和验证 第 4 部分:自动导引车辆和相关设备》和 IEC 61508《功能安全 电气/电子/可编程电子安全相关系统》等标准,详细规定了自动导引车(AGV)、自主移动机器人(AMR)以及其他智能物流设备的设计和操作要求。这些标准涵盖了设备的安全性、可靠性、互操作性和性能等方面的内容,确保智能物流系统在各种复杂环境中的稳定运行。

企业在开发和部署智能物流系统时,可以申请 ISO 和 IEC 等标准组织的认证服务。这些认证服务包括对企业系统的全面评估和测试,确保其符合相关国际标准。评估过程通常包括文档审查、现场检查和功能测试等环节,重点检查系统的安全设计、操作流程、应急预案和数据保护等方面的内容。认证机构会检查企业是否按照 ISO 3691-4 和 IEC 61508 等标准设计和制造设备,是否建立了完善的安全管理体系,是否进行了定期的设备维护和风险评估。

通过获得权威机构的认证,企业不仅可以提升市场信誉,还可以增强客户的信任。认证标志着企业的智能物流系统符合国际最高标准,具备高水平的安全性和可靠性。这对于吸引新客户、维护现有客户关系以及拓展国际市场具有重要意义。在竞争激烈的物流和制造行业,获得 ISO 和 IEC 认证的企业能够更容易赢得客户的信任,获得更多的商业机会。此外,认证还可以帮助企业提升内部管理水平,优化运营流程,减少运营风险和成本。

认证不仅是对企业系统现状的认可,也是一个持续改进的过程。认证机构通常要求企业进行定期的复审和更新,确保其持续符合最新标准。这促使企业不断优化其智能物流系统,及时采用最新的技术和方法,保持系统的先进性和竞争力。随着新技术的发展,ISO 和 IEC 等标准组织会不断更新和发布新的标准,认证企业需要及时调整其系统和操作流程,确保持续符合最新要求。

第八章 案例研究：成功实施智能物流的企业

本章将深入探讨一些成功实施智能物流的企业案例。这些案例不仅展示了智能物流技术在实际应用中的巨大潜力和效果，还为其他企业提供了宝贵的经验和决策参考。首先，我们将研究亚马逊的自动化仓库，了解其如何通过高度自动化的仓储系统提升运营效率和客户满意度。其次，我们将分析阿里巴巴的智能配送网络，探讨其如何利用先进技术实现高效的物流配送。最后，我们将审视 FedEx 和 UPS 在技术创新方面的努力，了解它们如何通过不断的技术革新保持在物流行业的领先地位。这些案例不仅展示了智能物流技术的实际应用效果，还为其他企业提供了宝贵的经验和借鉴。

亚马逊的自动化仓库

亚马逊作为全球最大的电商平台之一，凭借其强大的物流网络和技术创新，不断提升仓储和配送效率。亚马逊的自动化仓库系统是其成功的关键因素之一。通过广泛应用自动化技术和智能系统，亚马逊大幅提高了仓储运营效率、降低了运营成本，并为客户提供了更快的配送服务。

一、自动化技术的应用

（一）Kiva 机器人系统

亚马逊在 2012 年收购了 Kiva Systems，并将其改名为 Amazon Robotics。Kiva 机器人系统是亚马逊自动化仓库的核心技术之一。这些小型的自主移动机器人能够在仓库中高效地搬运货架，将所需的货物运送到拣选人员或打包站。Kiva 机器人系统的应用不仅提高了拣货速度，还减少了仓库内的行走距离和人力成本。

（二）自动化分拣系统

亚马逊的仓库中还部署了高度自动化的分拣系统。通过传送带和扫描设备，货物可以自动分类，并根据订单信息准确地分拣到指定的出库口。自动化分拣系统极大地提高了分拣效率和准确性，减少了人工干预和错误率。

（三）自动包装设备

亚马逊使用自动包装设备来提高包装效率。这些设备能够根据货物的尺寸和形状，自动调整包装材料并完成封装操作。自动包装设备不仅提高了包装速度，还减少了包装材料的浪费，提高了环保效益。

二、智能系统的集成

（一）仓库管理系统（WMS）

亚马逊的仓库管理系统（WMS）通过整合自动化设备和数据分析技术，实时监控和管理仓库内的所有操作。WMS能够优化库存管理、任务分配和路径规划，确保货物的高效存储和快速出库。该系统还可以根据历史数据和预测模型，动态调整库存和配送策略，满足市场需求变化。

（二）机器学习与人工智能

亚马逊广泛应用机器学习和人工智能技术来优化仓库运营。通过分析历史订单数据和客户行为，AI算法能够预测需求高峰期并提前调整库存和人员安排。机器学习还被用于优化Kiva机器人的路径规划和调度，提高其工作效率和响应速度。

三、成效与影响

（一）提高效率

通过自动化和智能化技术的应用，亚马逊显著提高了仓储和配送效率。Kiva机器人和自动化分拣系统的使用，使得订单处理速度大幅提升，客户可以享受更快速的配送服务。

（二）降低成本

自动化技术减少了对人工操作的依赖，降低了劳动力成本。自动包装设备和优化的库存管理系统也减少了资源浪费，提高了整体运营效益。

（三）提升客户体验

快速准确的订单处理和高效的配送服务，极大地提升了客户体验。亚马逊的自动化仓库系统能够在短时间内处理大量订单，满足了客户对快速配送的需求，增强了客户的满意度和忠诚度。

尽管亚马逊的自动化仓库系统取得了显著成效，但仍面临一些挑战。高昂的技术和设备投资、系统的维护以及员工的技能提升等。此外，随着市场需求的不断变化和技术的快速发展，亚马逊需要持续创新和优化其自动化系统，以保持竞争优势。

亚马逊的自动化仓库系统是其物流网络的重要组成部分，通过广泛应用自动化技术和智能系统，亚马逊大幅提高了仓储运营效率、降低了运营成本，并为客户提供了更快的配送服务。虽然面临一些挑战，但亚马逊通过持续创新，并引领智能物流的发展潮流，为全球电商行业树立了标杆。

阿里巴巴的智能配送网络

一、菜鸟网络的智能物流革命

菜鸟网络信息有限公司（简称菜鸟网络）由阿里巴巴联合银泰集团、复星资本、富春控股、顺丰集团、三通一达等各方于2013年5月正式组建成立。菜鸟网络由中国最大电子商务公司——阿里巴巴网络技术公司主导的企业，希望通过5～8年的努力，投资3000亿元人民币，打造一张遍布全国、能支撑日均300亿网络零售额、实现全国各地电商包裹"次日达"的中国智能物流骨干网。

过去，淘宝和天猫平台上的卖家需要自己解决物流问题，中小型卖家一般选择第三方快递公司进行"门到门"的配送，而大型卖家根据自身销售情况选择第三方快递或者自建供应链体系。无论是第三方快递公司还是自建供应链体系，都不能满足电子商务对物流集约化和规模化的要求，导致物流成本激增。另外，"门到门"的配送方式严重拉长了物流距离，使得包裹在运输过程中损坏的风险增加，物流时间延长。2009年，阿里巴巴在B2C领域的主要竞争对手京东网上商城开始自建物流体系，其发展重点是构建一张覆盖

第八章 案例研究：成功实施智能物流的企业

全国主要地区的物流网络。京东通过在不同地区设立不同规模的区域物流仓库（简称"区域仓"），利用干线运输相连接，实行精细供应链管理，使得某地仓库可以根据库存状况进行及时补货，商品由就近仓库进行配送，大大降低了物流配送时间，提高了客户体验。与第三方快递需要 1～3 天的配送时间相比，基于区域仓的配送方式只需要 0.5～1 天。来自平台内部对提高物流效率的诉求和外部竞争对手带来的压力，使得阿里巴巴提出 CSN 计划，试图采取另一种方式进行物流模式的变革。

为实现 CSN 计划，菜鸟网络分别构建了"天网"和"地网"两个系统。天网即物流数据系统及数据工具，是打通电商平台、物流公司、商家、消费者之间的数据分享平台。它能对商品和物流数据进行整合、分析和挖掘，根据历史数据和实时销售数据分析预测下一个时期哪些商品需要提前准备多少数量，给予仓储管理商相关的商品陈列建议，协调不同物流环节的协作，以及检测并分析包裹自下单到配送到签收完成后整个流转轨迹和链路合理性。地网则是菜鸟网络在全国不同区域布局的仓储中心，搭建连通全国的高标准仓储体系，与合作伙伴一起为商家提供与仓储相关的服务，构建这张基于仓储节点的物流网络，有助于菜鸟网络掌握有关商品质量、实际库存、配送路线等供应链环节的完整数据，另外，通过"地网"，菜鸟网络及其仓配伙伴为商家提供了从商品仓储配送到售后环节的物流服务。由此可知，"地网"是对"天网"的有力补充，使得菜鸟网络完成了对线上、线下物流信息数据的整合，通过对这些数据的掌握，菜鸟网络在很大程度上控制了电子商务物流的运转。

大数据与云计算是收集、存储和分析这些海量物流信息数据的工具。菜鸟网络对这些物流信息数据的使用主要分为以下几方面：物流一体化解决方案、物流云服务、数据路由分单、电子面单系统、物流预警雷达、高德地图精确定位。物流一体化解决方案是指菜鸟网络通过分析历史数据帮助客户挖掘产品需求，对卖家和物流服务商在产品设计定位、功能组合、定价、仓储库存等方面提供决策，同时由菜鸟整合相关物流服务商为客户提供一体化物流解决方案的过程；物流云服务是指企业将 IT 系统外包给菜鸟网络（云计算服务提供商），以减少自身 IT 硬件投入，获得更稳定、更安全、可拓展的 IT 环境；电子面单系统是菜鸟网络为快递公司开发的一种信息化面单，由于其使用标准化的计算机语言进行表达、打印快速的特点，配合数据路由分单系统大幅度提高了快递公司的分拣效率；通过高德地图精确定位，菜鸟网络为物流公司提供了更精确的线路规划和配送分派，结合菜鸟的物流预警雷达，预判物流线路的拥堵情况，物流公司就能根据这些信息对物流线路进行调整，从而优化整个过程。

2014年，通过菜鸟网络的快递包裹数量为0.24亿/天，淘宝天猫"双11"购物节当天处理的快递包裹数为2.78亿个，全年达86亿个，占到全国快递包裹总量的65%以上。2015年，根据菜鸟官网的介绍，经过菜鸟网络处理的包裹数量占到全国总量的70%，菜鸟网络每天接收超过6万亿条物流详情，处理超过7万亿条物流数据，完成500亿公里的快递运输里程，实现包裹与末端网点98%以上的匹配率。在社会化协同方面，接入菜鸟网络信息平台的快递员累计170万名，合作伙伴运输车辆23万辆，专业线路609万条，实现网络覆盖全国2800个县、市、区，连接全世界224个国家与地区。可以说，菜鸟网络正在以自己特有的方式改变着我国乃至世界范围内电子商务物流的运作方式。

二、菜鸟网络的组织模块化

（一）菜鸟网络组织模块化的设计

菜鸟网络在组织结构上显现出很多模块化的特征。不同的电商物流企业通过接入菜鸟网络的物流信息云平台，展示自身所能提供的物流服务。作为核心企业，菜鸟网络负责对物流信息数据的处理和协调，同时制定企业间协作的有关规则和标准，并通过信息数据的传输完成对这些规则和标准执行情况的监督。在参与角色上，菜鸟网络并不负责具体的物流业务，而是根据用户定制化的物流需求，将不同模块间的企业组合在一起，串联成一整套供应链解决方案，并根据整个物流信息网络产生的大规模实时数据进行物流安排、线路选择的协调和优化。也就是说，与其他模块化组织一样，基于菜鸟物流的物流组织模块化也遵循定义模块、制定公共规则和标准、模块整合三个环节。

在定义模块环节，菜鸟网络（以下简称"菜鸟"）会根据合作企业的不同职能将其划拨到仓配、跨境、快递、农村电商、菜鸟驿站等不同模块中。

仓配模块即负责产品仓储和产品配送的具体企业，对于不同行业商品的配送，菜鸟会选择不同的物流企业进行合作，例如对于小家电仓配解决方案，负责仓储的企业有科捷物流、中国远洋物流、EMS、蜂网等公司，负责配送的企业有万象物流、赛澳递、如风达等。而对于服装行业，负责质检服务、仓储和配送的合作伙伴是分别天图物流、蜂网、小通和圆通。

第八章 案例研究：成功实施智能物流的企业

在跨境模块中，主要根据进口和出口业务进行划分，其中进口业务包括保税进口和跨境直邮，出口业务为跨境直邮。其中，负责保税进口的仓储企业有 HEDA、心怡科技物流、上海基森、百世汇通等公司，配送伙伴有中通、圆通、极兔、韵达等。

农村电商模块主要提供面向农村市场的配送、仓储和商品增值服务，其合作伙伴有苏宁易购、万象物流、南宁腾达、建华投递等12家公司。

菜鸟驿站模块主要是解决物流配送最后"100"米的物流问题，为客户提供丰富多样的收寄件方式，在该模块下，参与方的加盟形式多样，可以分为个体、连锁门店、物业、校园站点等。截至2015年5月，菜鸟网络已发展成为多达2万个不同类型的菜鸟驿站，它是菜鸟网络社会化的主要表现。

信息系统模块为菜鸟自有模块，主要负责对所有的物流信息数据进行收集，通过收集、处理、分析这些信息对其他系统模块进行分工与协调。

在制定公共规则和标准方面，菜鸟网络对各个合作伙伴都有严格的限制，对未实行相关规定的企业进行及时警告和清退。这些公共规则包括物流保障方案、配送奖励办法、过失情况的赔付规则、物流时效规定等。另外，菜鸟网络主要通过推广电子面单来统一标准。截至2015年8月，已有15家主流快递企业全面接入菜鸟电子面单系统，这意味着在不到一年的时间快递内全行业电子面单的普及率从5%上升至60%。统一、规范的电子面单使得关于快递的数据被大数据云平台记录，完成了作业数据的标准化和可视化。

（二）菜鸟网络组织模块化的整合优化

菜鸟网络对组织模块的整合和优化体现在资源动态匹配和物流资源动态协调两方面。

在资源动态匹配方面，菜鸟整合了拥有的供应链服务资源，制定全套供应链管理服务解决方案，包括完整的供应链管理服务整体报价、分项服务报价、服务质量标准等，商家选择菜鸟提供的供应链管理服务解决方案，并委托菜鸟作为商家的代理人，以菜鸟名义向供应链管理服务解决方案中所涉及的各服务模块下达具体服务订单；商家向菜鸟支付其所选择的供应链管理服务解决方案的全部服务费用，菜鸟根据商家对服务质量的具体要求选择服务模块商，服务模块商的选择情况及组合方案无须向商家披露，但被选择的服务模块商应当具备与其提供的具体服务相对应的合法资质，菜鸟为其自行选择行为向商家承担最终责任。

智能物流：机器人技术的未来

在物流资源动态协调方面，通过菜鸟搭建的物流信息服务云平台，打通了商家、消费者和物流商的信息链条，通过数据整合方式，实时反映预测社会物流资源的使用情况，并对各方提出预警和建议，使其随时改变物流路线。例如菜鸟网络在每年"双11"期间都会启用预警雷达，根据云平台收到的海量物流信息实时分析某地的快递拥堵情况，并告知物流商重新配置、整合物流资源。除了预警雷达，对物流资源的优化还体现在与各个物流企业的协同上，例如协调不同快递公司之间的错峰发货、利用大数据提前预测商品需求，并指导仓库提前备货、开放物流节点（仓库）、优化物流路线等。

FedEx 与 UPS 的技术创新

一、FedEx 的智能物流创新

（一）自动化与机器人技术

FedEx 在物流中心广泛应用自动化和机器人技术。其自动化仓库系统使用自动分拣设备和 AGV（自动导引车）来提高分拣和搬运效率。FedEx 还与机器人公司合作开发了用于包裹分拣的机器人系统，这些机器人能够高效、准确地处理大量包裹，减少了人力成本和错误率。

（二）智能追踪与管理

FedEx 开发了先进的追踪系统，利用物联网（IoT）和大数据技术，实时监控包裹的运输状态。通过在包裹中嵌入传感器，FedEx 可以实时获取包裹的位置、温度和湿度等信息，并通过云计算平台进行数据分析和处理。这种智能追踪系统不仅提高了包裹运输的透明度，还增强了客户体验。

（三）无人机与无人配送车

FedEx 积极探索无人机和无人配送车在"最后一公里"配送中的应用。FedEx 测试了多种无人机配送方案，尤其是在偏远和难以到达的地区，通过无人机实现快速、高效的包裹投递。同时，FedEx 还开发了无人配送车，用于城市和社区内的包裹配送，提高了配送效率和灵活性。

二、UPS 的智能物流创新

（一）网络优化与智能调度

UPS 利用 ORION（On-Road Integrated Optimization and Navigation）系统在智能调度和网络优化方面实现了显著突破。该系统通过大数据分析、动态优化和人工智能算法，实时分析和优化配送路线。ORION 能够整合路况、交通流量、天气条件等多种因素，制定最优的配送路线，显著提高了配送效率，降低了燃料消耗和运营成本，减少了环境影响，并提升了客户满意度。这种智能化调度系统为 UPS 带来了显著的竞争优势和经济效益。

（二）3D 打印技术

UPS 在其物流网络中引入 3D 打印技术，建立了多个分布式 3D 打印中心。客户可以将设计文件上传到 UPS 的云平台，通过就近的 3D 打印中心进行生产，并直接配送到终端客户。这种分布式生产和配送模式不仅缩短了交付时间，还减少了库存和运输成本。

（三）可再生能源与绿色物流

UPS 致力于推动绿色物流，采用可再生能源和低排放技术。UPS 在其配送车队中引入了电动和混合动力车辆，并在多个配送中心安装了太阳能发电系统。通过这些绿色技术的应用，UPS 减少了碳排放和能源消耗，践行了可持续发展的承诺。

（四）智能包裹锁柜与无人配送站

UPS 开发了智能包裹锁柜与无人配送站，方便客户自助取件和退件。这些智能设备配备了物联网技术，能够实时监控和管理包裹，提供便捷的 24 小时自助服务。客户通过手机应用可以随时查询包裹状态，并通过扫描二维码快速取件，提升了物流服务的便捷性和客户满意度。

FedEx 与 UPS 在智能物流领域的创新，涵盖了自动化与机器人技术、智能追踪与管理、无人机与无人配送车、网络优化与智能调度、3D 打印技术、可再生能源与绿色物流，以及智能包裹锁柜与无人配送站等多个方面。这些创新不仅提升了物流效率和服务质量，还推动了行业的可持续发展。未来，随着技术的不断进步，智能物流将进一步发展和演变，为客户带来更加便捷、高效和绿色的物流服务。

第九章 未来趋势与技术预测

智能物流领域正处于快速发展和不断创新的阶段，本章将探讨未来的技术趋势和发展方向。首先，我们将讨论未来技术的发展方向，包括新兴技术的应用和突破，这些技术将进一步推动物流行业的智能化和高效化。其次，分析新一代物流机器人的发展，包括其在功能、性能和应用场景上的进步。最后，探讨物流行业的可持续性与环境影响，强调在提升物流效率的同时，如何实现绿色物流和可持续发展。通过这些探讨，我们将描绘智能物流的未来蓝图，提供对行业发展的深刻洞见。

未来技术的发展方向

未来技术的发展方向在智能物流领域表现出显著的前景和创新潜力。本节将探讨几个关键技术，包括人工智能和机器学习的进一步应用，它们在预测需求、优化路由和提高自动化水平方面将发挥核心作用。此外，物联网和5G技术的结合，将实现更高效的实时数据传输和设备间的无缝连接，提升物流系统的整体效率和响应速度。区块链技术也将在物流透明度和安全性方面提供革命性变化，确保数据的可信性和不可被篡改性。通过这些前沿技术的整合，智能物流将在未来实现更加智能、高效和可靠的发展。

一、5G+ 物流

在应用侧和网络侧 5G 技术可以实现赋能智慧物流。从物流行业当前主要的业务发展需求以及面对的挑战角度分析，5G 技术和物流运营场景的结合可以被分成应用侧、网络侧两种类型。其中前者侧重点是整合物流业务情境需要和 5G 部分性能指标，其还可以被细分成移动宽带类、机器通信类及低时延通信类等；网络侧赋能以结合物流业务情境运作需要以 5G 网络架构为主，当前其主要有网络切片类与边缘技术类之分。整体分析，合理应用5G能为制造业物流数字化转型发展提供可靠的技术支持，在智慧物流的通用型平台建设过程中发挥巨大的引领作用。

（一）移动宽带类（eMBB）

eMBB 主要运用5G的无人仓储物流。传统上，叉车和其他车辆在仓库内搬运货物需要大量人力操作，随着劳务成本的上升和设备自动化水平的提高，国内一些无人仓库已经开始采用自动叉车设备。这些叉车通过DWS（动态称重系统）获取货物信息，利用视觉数据处理相关信息，通信上行带宽需求较高。5G网络的大带宽特性使得DWS系统能够显著提升设备部署的灵活性，减少后期维护费用，并大幅度提高货物入库作业的效率。

无人仓储物流通过使用自动叉车设备，将货物的搬运、入库、分拣等操作全部自动化。DWS系统能够对货物进行实时称重和扫描，并将数据通过5G网络上传到中央系统进行处理。5G的高速传输和低延迟特性，使得这些数据可以即时处理和反馈，提升了整个仓储系统的响应速度和效率。此外，5G网络还能够支持大量设备的同时连接，确保无人叉车和其他自动化设备在高密度环境中稳定运行。

随着5G技术的进一步发展，无人仓储物流的应用范围将不断扩大，不仅限于大型仓库，还将覆盖小型仓储和分拣中心，进一步推动物流行业的智能化和自动化进程。企业通过部署5G网络和自动化设备，不仅可以降低运营成本，还能够提高仓储和物流效率，增强市场竞争力。

（二）机器通信类（mMTC）

以5G窄带物联网（NB-IoT）为基础的无车承运人平台为例，它显著提升了物流配送过程的智能化和安全化。在这个平台上，货车安装指定的传感器设备后，能够动态传输车辆行驶位置和轨迹信息至控制中心。同时，内置的油耗、温湿度、振动、光强感知等NB-IoT传感器也能实时将检测数据传送到云控平台。这些传感器不仅为控制中心提供了详尽的车辆状态信息，还能与司机和顾客进行信息交互，确保各方实时掌握物流状况。

通过这些实时数据，平台工作人员可以结合实际情况与后台监测分析数据，有针对性地采取相应措施，优化物流配送过程。工作人员可以监控油耗数据，分析并优化行驶路线，降低物流成本；通过温湿度传感器，确保运输过程中的货物处于最佳储存条件，尤其是对于易腐物品和医药产品等有严格环境要求的货物。此外，振动和光强感知传感器能够及时预警货物在运输过程中的异常情况，防止货物损坏。

5G窄带物联网（NB-IoT）技术的应用，使得物流管理变得更加智能和高效，进一步提升了物流服务的质量和安全性。

（三）低时延类通信（uRLLC）

低时延类通信（uRLLC）在无人机物流业中具有重要应用，特别是在"干线—支线—末端"架构的物流网络中。以5G技术支持的物流无人机在支线航空运输中表现出较高的适用性，通常用于大城市与小城市之间或小城市之间的快速直达配送。物流无人机在配送过程中涉及任务的下达、执行和监控。5G技术提供的低时延通信确保了这些过程的高效、实时响应和精确控制。通过低时延通信，无人机能够迅速接收和执行配送任务，确保货物在最短时间内到达目的地。此外，实时监控技术使得操作人员能够随时掌握无人机的状态和配送进程，以便及时应对任何突发情况，提高了物流配送的安全性和可靠性。这种高效的通信机制不仅提升了无人机物流的服务质量，还扩展了其应用场景，使其在应急物资运输、医疗物资配送等领域中表现出色。

二、无人系统+物流

无人系统最大的特点是能利用高端科技执行操作或者管理任务，进而规避或减少了人工干预的自主化系统。

众所周知，传统物流属于人力密集型企业，人力对物流配送效率及成本均会形成一定的限制作用，而应用无人机系统时，重新定义了物流劳动力，该系统可以被分为以下三种类型。

（一）无人仓

无人仓通过实现物流仓储过程中入库、存储、拣选和出库等操作的全自动化，确保在这些流程中无人参与。无人仓具备智能识别货物类型、跟踪货物流动状态以及智能执行生产任务等功能。相较于传统的自动物流仓储，无人仓是其升级版本，进一步提高了自动化和智能化水平。2016年，阿里巴巴和京东等电商企业已经成功建设并投入使用无人仓项目，实现了内部物流效率和精确度的显著提升。

无人仓的建设和应用不仅提高了仓储管理的效率，还减少了人工操作带来的误差和成本。在电商高峰期，无人仓能够显著提升订单处理速度，保证客户体验和满意度。未来，无人仓将在更多领域实现应用，为物流行业带来深远影响。

（二）无人货车

无人货车在物流领域中具有显著的优势，特别是执行大容量的干线运输任务。无人货车的特点在于能够长时间维持高速行驶状态，通常适用于较长里程的运输需求。其核心技术包括自动驾驶系统、智能调度和车队管理系统等。

随着技术的不断进步，无人货车在物流领域的应用将会越来越广泛。未来的研究方向包括提高自动驾驶系统的可靠性和安全性，优化能源管理系统，提升车辆的续航能力和环境适应性。通过与其他智能物流技术的结合，无人货车将为物流行业带来更多创新和变革。

（三）无人配送车

无人配送车主要用于小容量的末端配送任务，尤其在城市环境中低速行驶，以解决"最后一公里"配送问题。它们配备了先进的传感器和自动驾驶技术，能够在复杂的城市道路中安全、高效地完成配送任务。

未来，无人配送车将在更多城市推广应用，并不断优化其技术性能。研究重点包括提高车辆的自主导航能力、提升电池续航能力、增强环境适应性等。此外，通过与智能物流系统的深度整合，无人配送车将进一步推动物流行业的智能化和自动化发展。

当下，在国内物流领域内无人机的应用范围主要有货物安全状态巡检、库存检查核对及物流配送等，相比之下，前者在短期内能创造出更多的附加值。在安全巡检、库存核查环节中，无人机演变成空中移动的传感器。

三、人工智能 + 物流融合趋势

人工智能技术和物流业相融合不仅能给传统物流有效赋能，也创造出新颖的物流服务项目，人工智能有机结合物流产业呈现出"赋能魔方"的特征。传统物流活动被细化成库存、仓储、运输和配送四大部分，而在全新的物流服务上，其具备管理层面上的高度协同、经济层面上的利润最大化、时间上的即时性、环保上的绿色化及个体体验方面的智能灵敏等实际服务能力与成效。关于人工智能的赋能，其主要涉及机械学习、物联网、无人系统等高新信息化技术领域。"赋能魔方"旋转代表着三轴向的深度融合及创新化赋能："X 轴——传统物流活动轴旋转"预示着传统物流活动为新物流服务与智能化技术应用的基础;"Y轴——新物流服务轴旋转"代表着新物流服务形式已经演变成传统物流活动与智能技术融合、创新的主要方向及发展目标;"Z轴——智能赋能轴旋转"表明该轴上的不同领域能和相应的物流活动及服务项目——对应,演变成以上两者有效融合的主要形式。

人工智能采用差异化的科技能力及产业发展成熟度被用在各种通用型或者垂直的情境内,在物流行业内,人工智能在5G、无人机系统等科技的协助下能够细化成二级技术职权,建造出相应的"体系树"。结合当前不同科技节点本体的发展水平、目前备受关注的焦点及物流内大范畴运用的时间点预判结果等,可以采用不同颜色区分人工智能+物流配送树下的不同技术节点,利用其表示发展到主流耗用的时间长度,并勾画出相应的成熟度曲线。

在智能时代中,数字化物流是未来几年国内外物流行业发展的主流方向,本文主要探究人工智能技术的应用情况,尽管部分技术的应用已经有了案例支撑,但是依然存在着很多实际问题需要处理,比如部分新技术的应用成本较高,一些技术仅被应用在单一环节等。在后续研究中,应重点设计物流信息协同平台,综合物流全链数据资源,完善新一代物流基建及顶层设计工作,将5G、物联网技术优势发挥到最大化,为制造业物流持续发展提供更可靠的技术支撑。

物流机器人的新一代

新一代的物流机器人在多个方面展示了技术创新和进步,包括自主导航、智能感知和灵活操作等。

一、自主导航与路径规划

新一代物流机器人具备高度自主导航能力,能够在复杂环境中准确定位和路径规划。其关键在于先进的传感器技术,还有复杂的算法。

1. 激光雷达

激光雷达是一种通过发射激光脉冲并测量反射时间来生成三维环境地图的技术。其原理基于激光脉冲从发射到反射回来的时间差,通过计算光速与时间差,可以精确测量目标物体的距离。激光雷达技术因其高精度、高分辨率和对环境光照不敏感的特点，广泛应用于自动驾驶、无人机导航、工业自动化等领域。

激光雷达的高精度测距能力是其核心优势之一。激光雷达系统可以在微秒级时间内发射和接收激光脉冲，精确测量物体的距离和形状。这使得激光雷达在环境感知中能够生成详细的三维点云图数据，提供高分辨率的环境信息。这种高精度的测距能力对于自动驾驶和工业自动化中的导航和避障至关重要。激光雷达技术在不同光照条件下的高效工作能力，使其在多种环境下都能保持稳定性能。传统的视觉传感器在强光、阴影或夜间条件下可能会出现性能下降，而激光雷达通过主动发射激光脉冲，不依赖环境光照，从而在任何光照条件下都能提供一致的性能。这使得激光雷达在自动驾驶车辆、无人机和工业机器人中具有广泛的应用前景。

激光雷达传感器可以每秒发射数十万次激光脉冲，实时捕捉环境的变化，并生成动态的三维点云图。这些数据可以用于实时路径规划和障碍物检测，提高机器人和自动驾驶车辆的反应速度和安全性。自动驾驶汽车使用激光雷达生成周围环境的实时三维地图，识别行人、车辆和其他障碍物，进行路径规划和避障操作。

首先，设备的成本较高，限制了其在一些应用中的普及。尽管随着技术的进步和生产规模的扩大，激光雷达的成本正在逐渐下降，但仍需要进一步降低以促进大规模应用。其次，激光雷达在恶劣天气条件下（如大雾或雨天）的性能可能受到一定影响，需要开发更强大的算法和技术来应对这些挑战。

未来激光雷达技术的发展方向包括以下几个方面：

一是降低制造成本，通过技术创新和规模化生产，使激光雷达设备更加经济实用。二是提高分辨率和测距能力，开发更高性能的激光雷达系统，以应对更复杂的环境和任务。三是集成多种传感器技术，结合摄像头、雷达等传感器，提供更加全面和精确的环境感知能力，提高系统的可靠性和精度。

激光雷达技术在机器人和自动化领域具有广泛的应用前景。其高精度、高分辨率和不受光照条件影响的特点，使其在复杂环境中的自主导航和路径规划中发挥着关键作用。通过不断的技术创新和成本降低，激光雷达技术将进一步推动自动化和智能化的发展，提升各行业的效率和安全性。

2. 视觉传感器

视觉传感器是智能物流机器人实现自主导航与路径规划的重要组成部分。通过摄像头和视觉处理系统，视觉传感器能够捕捉环境图像并进行实时分析，识别障碍物、标识和路径，提供高分辨率的环境信息，帮助机器人作出精确的导航决策。

摄像头作为视觉传感器的主要硬件，通过光学镜头和图像传感器将环境中的光信号转化为数字图像。这些图像数据被传输到视觉处理系统，并进行进一步的分析和处理。视觉处理系统通常集成了多种算法，如边缘检测、特征提取和图像匹配等，用于识别图像中的物体和特征。在机器人导航中，视觉传感器能够实时识别和跟踪环境中的障碍物。通过图像处理算法，机器人可以识别前方路径上的静态和动态障碍物，如家具、行人和其他车辆。一旦检测到障碍物，机器人会根据预设的避障策略调整行进路线，确保安全性。视觉传感器可以通过识别地面标识线，帮助机器人保持在预定的路径上行驶，避免偏离路径。

许多智能仓库和物流中心在地面或货架上设有标识，这些标识包含路径信息、存储位置和其他导航指示。视觉传感器可以通过图像处理技术识别这些标识，提取其中的信息，并据此进行路径规划和导航决策。在仓库中，机器人可以根据地面上的二维码或箭头指示，找到最优路径，将货物从存储区运送到出货区。

视觉传感器为高分辨率环境信息提供了精确的导航基础。相比传统的距离传感器，视觉传感器能够捕捉更多细节信息，提供更全面的环境感知能力。这对于复杂环境中的精确导航尤为重要。在自动驾驶车辆中，视觉传感器不仅能够识别道路和交通标志，还能检测行人、车辆和其他动态物体，确保行车安全。

尽管视觉传感器在自主导航中具有显著优势，但其应用也面临一些挑战。首先，视觉传感器对环境光照条件敏感，在强光、阴影或夜间条件下可能会影响图像质量和识别准确性。为了解决这一问题，研究人员正在开发更先进的图像处理算法和硬件技术，以提高视觉传感器在各种光照条件下的适应性。此外，视觉传感器的数据处理需要较高的计算能力，如何在有限的硬件资源下实现高效的图像处理也是一个重要的研究方向。

二、算法

（一）SLAM 技术

同步定位与地图构建（SLAM）技术使机器人能够在未知环境中同时构建

地图和自身定位,这是自主导航和路径规划的核心技术之一。SLAM 技术结合了多种传感器数据和运动模型,通过滤波算法(如扩展卡尔曼滤波或粒子滤波)来估计机器人的位置和环境地图。

1. 原理与算法

SLAM 技术的基本原理是利用机器人携带的传感器(如激光雷达、视觉传感器、超声波传感器等)获取环境信息,并结合机器人的运动模型,通过滤波算法进行处理。具体来说,SLAM 系统通常包括以下几个步骤。

(1)数据采集。传感器不断采集环境数据,如激光雷达的距离测量值或摄像头的图像。

(2)运动估计。根据机器人内部的运动传感器(如惯性测量单元 IMU),估计机器人在每个时刻的运动状态,包括位置、速度和方向。

(3)环境特征提取。从传感器数据中提取环境特征点,如激光雷达反射点或图像中的关键点。

(4)地图更新。利用提取的环境特征和运动估计结果,通过滤波算法更新环境地图和机器人的位置。

常用的滤波算法包括扩展卡尔曼滤波(EKF)和粒子滤波(PF)。扩展卡尔曼滤波是一种基于高斯分布的估计方法,适用于线性或近似线性的系统。粒子滤波则是一种基于样本集的估计方法,能够处理非线性和非高斯分布的系统,更适合复杂环境中的 SLAM 应用。

2. 应用场景

SLAM 技术广泛应用于各种自主移动机器人,如无人驾驶汽车、无人机、服务机器人和工业机器人。在这些应用中,SLAM 技术使机器人能够在未知或动态变化的环境中准确导航,躲避障碍物,并完成复杂的任务。

(1)无人驾驶汽车。SLAM 技术帮助无人驾驶汽车在城市道路上构建实时环境地图,识别道路、行人和其他车辆,实现安全驾驶。

(2)无人机。SLAM 技术使无人机能够在室内或复杂地形中自主飞行,执行任务如监控、测绘和物流配送。

(3)服务机器人。在家庭和商业环境中,服务机器人利用 SLAM 技术实现自主导航和任务执行,如扫地机器人、送餐机器人和导览机器人。

(4)工业机器人。在智能仓库和制造工厂中,AGV 和 AMR 等工业机器人通过 SLAM 技术实现高效的物料搬运和仓储管理。

未来，SLAM技术的发展将继续向着更高的精度、更强的鲁棒性和更低的计算复杂度方向迈进。通过引入先进的传感器技术、优化的算法和强大的计算平台，SLAM技术将进一步推动机器人自主导航和智能物流的发展，应用前景广阔。

（二）路径规划算法

路径规划算法在机器人导航中起着至关重要的作用，它们通过计算最优路径来引导机器人避开障碍物并达到目标位置。这些算法分为全局路径规划和局部路径规划，全局路径规划在已知环境中确定整体路径，而局部路径规划则实时调整路径以应对动态环境的变化。

1. A*算法

A*算法是最广泛使用的启发式搜索算法之一，适用于全局路径规划。A*算法通过结合启发式估计和实际成本，计算从起点到目标的最短路径。具体来说，A*算法在搜索过程中评估每个节点的代价函数$f(n)$，该函数由两部分组成：从起点到当前节点的实际成本$g(n)$和当前节点到目标的启发式估计$h(n)$。A*算法选择代价函数最小的节点进行扩展，直至找到目标节点。由于其有效性和准确性，A*算法广泛应用于机器人路径规划和导航系统中。

2. Dijkstra算法

Dijkstra算法是一种经典的最短路径算法，适用于加权图中的路径规划。该算法从起点开始，逐步扩展到所有节点，通过不断更新每个节点的最短路径值，最终确定从起点到目标的最短路径。Dijkstra算法不适用启发式估计，因此在搜索过程中会遍历所有可能的路径，这使得它在大型图中效率较低。然而，Dijkstra算法的准确性和可靠性使其在某些应用场景中仍然具有重要价值，特别是在无启发式信息可用的情况下。

3. RRT（快速随机树）算法

RRT算法是一种用于高维空间中的路径规划算法，尤其适用于动态环境和复杂任务。RRT算法通过随机采样空间中的点，逐步扩展树结构，从起点向目标方向生长。每次扩展时，RRT算法选择距离当前树结构最近的节点，并生成一个新节点。这个过程不断重复，直至找到一条从起点到目标的可行路径。RRT算法的优点在于其能够快速探索高维空间，并且可以在动态环境中灵活应对新的障碍物。近年来，RRT算法的多种改进版本（如RRT*）进一步提高了路径质量和计算效率。

4. 动态路径规划

动态路径规划是路径规划中的一个关键概念，特别是机器人需要在实时变化的环境中导航时。动态路径规划算法能够在路径规划过程中不断更新和调整路径，以适应环境的变化和新的障碍物。当机器人在导航过程中遇到未预见的障碍物时，动态路径规划算法会立即重新计算最优路径，确保机器人能够安全地避开障碍物并继续向目标前进。动态路径规划通常结合局部路径规划算法（如避障算法）和全局路径规划算法，以实现实时的路径调整和优化。

这些技术和算法的结合使得机器人能够实时构建环境地图，避开障碍物，选择最优路径进行货物搬运。在仓储环境中，机器人能够自主在货架之间移动，快速、准确地进行拣选和搬运操作。这些能力不仅提高了物流效率，还大大减少了人工干预和错误率。

三、智能感知与交互

智能感知是新一代物流机器人的核心能力之一。通过融合多种传感器数据（如视觉、红外、超声波等），机器人能够实时感知周围环境，识别货物和障碍物，并进行动态调整。这些能力不仅提高了机器人的工作效率和准确性，还增强了其在动态环境中的适应性。

（一）视觉传感器与处理系统

视觉传感器通过捕捉图像并进行实时分析，帮助机器人识别障碍物、标识和路径。这些传感器提供高分辨率的环境信息，使机器人能够作出精确的导航决策。视觉处理系统利用复杂的图像处理算法和机器学习技术，从捕捉到的图像中提取有用的信息。机器学习算法可以帮助机器人识别不同类型的货物、检测障碍物，并预测其运动轨迹。这种能力不仅提高了机器人的感知能力，还增强了其对复杂环境的适应性。

（二）红外与超声波传感器

红外与超声波传感器通过发射红外线或超声波并检测其反射信号来感知环境。这些传感器能够在低光照或完全黑暗的环境中工作，补充了视觉传感器的不足。红外传感器常用于检测热源或人体存在，而超声波传感器则用于测量距离和识别障碍物。结合这些传感器的数据，机器人能够在不同的环境条件下进行精确地导航和操作。在仓库中，机器人可以利用超声波传感器检测货架和其他固定障碍物的位置，同时利用红外传感器识别并避开其他移动的工人或设备。

（三）多传感器数据融合

多传感器数据融合是实现智能感知的关键技术。通过将不同传感器的数据进行融合，机器人能够获得更加全面和准确的环境信息。数据融合算法将来自视觉、红外和超声波传感器的数据进行综合分析，过滤噪声，增强信号，从而提高感知的准确性和可靠性。卡尔曼滤波和粒子滤波是常用的数据融合算法，它们能够有效地结合多种传感器数据，提供机器人的精确位置和姿态估计。这种综合感知能力使得机器人在复杂和动态的环境中能够灵活应对各种情况，提高工作效率和任务完成的准确性。

（四）动态环境适应

在动态环境中，机器人需要具备高度的环境适应能力，以应对不断变化的工作条件和任务要求。通过实时感知和分析环境变化，机器人能够动态调整其行为策略和路径规划。在仓库中，当某个路径被临时堵塞时，机器人能够迅速重新规划路径，选择最佳的替代路线。同时，机器人还能够根据实时感知的数据调整其操作参数，如速度、加速度和抓取力度，以确保操作的安全性和准确性。动态环境适应能力不仅提高了机器人的灵活性，还使其能够高效地完成各种复杂任务，适应不同的工作环境。

智能感知与交互能力是新一代物流机器人实现高效、精准操作的关键。通过融合视觉、红外、超声波等多种传感器数据，机器人能够实时感知和了解周围环境，并根据环境变化进行动态调整。这些技术不仅提高了机器人的工作效率和准确性，还增强了其在复杂和动态环境中的适应能力，为现代物流系统提供了强大的技术支持。随着传感器技术和数据融合算法的不断发展，智能感知与交互技术将在未来进一步提升物流机器人的智能化水平和应用广泛性。

四、灵活操作与多功能性

新一代物流机器人以其多自由度机械臂和多功能操作能力，为现代物流行业带来了革命性的变化。这些机器人能够执行复杂多样的任务，例如自动分拣、包装、装卸等，使得仓储和配送过程更加高效和灵活。通过精确的控制和智能抓取技术，这些机械臂能够处理各种不同形状、大小和重量的货物，大幅度提高了操作的准确性和效率。

多自由度机械臂的设计使其可以在三维空间中灵活移动，能够到达传统机械手臂难以触及的区域。这种灵活性允许机器人在狭小或复杂的仓储环境中高效作业，显著提升了仓库空间的利用率。同时，机械臂的精确控制系统确保了每一个动作的准确性，无论是拿取小型零件还是搬运重物，都能以高精度完成。

这些机器人配备了先进的智能抓取技术。智能抓取技术结合了传感器、视觉识别和人工智能算法，使得机器人能够识别和抓取各种不同形状和材质的物品。通过视觉识别系统，机器人能够识别物品的形状和尺寸，并相应调整抓取的力度和角度。这种技术不仅提高了机器人处理不同物品的能力，还减少了对物品的损坏风险。此外，智能抓取技术还能够实时适应变化的工作环境，比如在分拣线上处理不断变化的货物种类和数量。

这些机器人不仅能进行简单的搬运任务，还能完成如自动分拣、包装和装卸等复杂任务。在自动分拣过程中，机器人能够快速识别和分类不同种类的货物，提高分拣效率并减少人工错误。在包装环节，机器人可以根据物品的特性和客户的要求，自动完成包装操作，从而提高了包装质量和一致性。在装卸方面，机器人可以高效地将货物装载到运输工具上，或从运输工具上卸载下来，减少了人工劳动力的需求，并提高了整个物流链的运行效率。

新一代物流机器人通过多自由度机械臂和多功能操作能力，显著提升了仓储和配送的灵活性和效率。这不仅降低了物流成本，也提高了服务质量和客户满意度。随着技术的不断进步，物流机器人将在未来发挥更加重要的作用，进一步推动物流行业的发展和变革。

五、能源管理与续航能力

新一代物流机器人在能源管理与续航能力方面的突破性发展，显著提升了其工作效率和可靠性。能源管理作为一个重要的研究方向，涵盖了高效电池管理系统、能量回收技术、无线充电和快速充电技术等多个方面，通过这些技术的协同作用，机器人不仅能够延长工作时间，还能减少充电频率，从而提高其连续工作的能力。

高效的电池管理系统是物流机器人能源管理的核心。传统的电池系统在能量利用和维护方面存在许多不足，而新一代电池管理系统通过智能算法和先进的传感器技术，能够实时监控电池的状态，包括电量、温度、电压等关键参数。这种实时监控不仅能确保电池在最佳状态下运行，还能及时预警电

智能物流：机器人技术的未来

池故障，防止意外停机。通过优化充放电过程和能量分配，电池管理系统能够最大限度地延长电池的使用寿命和工作时间。

能量回收这项技术的核心思想是在机器人的工作过程中，将多余或浪费的能量重新收集并利用。在机器人减速或停止时，动能可以通过制动系统转化为电能，重新储存在电池中。这不仅减少了能量浪费，还有效提升了机器人的续航能力。通过不断改进能量回收技术，机器人能够更加高效地利用每一分能量，进一步延长工作时间。

无线充电和快速充电技术的发展，为物流机器人提供了更加便捷的能源补给方式。无线充电技术的引入，打破了传统充电方式对充电桩和电缆的依赖。机器人可以在工作过程中或在专门的无线充电区域进行充电，无须停止工作，大幅度提升了操作灵活性和工作效率。快速充电技术则通过提高充电功率，显著缩短了充电时间。现代快速充电系统可以在短短几分钟内为机器人补充足够的电量，使其能够迅速恢复工作状态，减少停机时间。

新一代物流机器人在能源管理和续航能力方面的进步，显著提升了其工作效率和可靠性。通过高效的电池管理系统、先进的能量回收技术以及无线充电和快速充电技术的综合应用，物流机器人不仅能延长工作时间和减少充电频率，还能提高其连续工作的能力。这些技术的不断发展，将进一步推动物流机器人的普及和应用，提升整个物流行业的智能化水平和运营效率。

六、人机协作与安全性

新一代物流机器人在人机协作和安全性方面的设计代表了现代工业自动化技术的前沿。通过集成先进的传感器和控制系统，这些机器人能够在与人类共同工作的环境中保持高度安全性，从而提高了工作环境的安全性和人机协作的效率。机器人通常配备多种类型的传感器，包括力传感器和视觉传感器，能够实时监测周围环境并对外部施加的力进行反馈，若检测到异常力或潜在碰撞风险，机器人会立即减速或停止操作。视觉传感器结合摄像头和图像处理算法，使机器人能够识别环境中的物体和人物，并实时调整路径或停止操作，以避免碰撞。控制系统整合传感器数据并采用机器学习和人工智能技术，能自主学习和适应环境变化，优化行为模式，提高协作效率和安全性。人机协作模式设计还考虑了多种应用场景，机器人承担重复性和体力劳动，人类专注需要判断力和灵性的任务，提高整体工作效率，减轻操作员负担，提升工作体验和满意度。随着技术不断发展，物流机器人在人机协作方面的潜力将进一步得到释放，为各行业的自动化和智能化提供更强大的支持。

通过以上各方面的创新和进步，新一代物流机器人将为物流行业带来革命性的变化，推动行业迈向更高效、更智能的未来。

可持续性与环境影响考量

可持续性与环境影响在现代物流和自动化技术的发展中扮演着至关重要的角色。随着全球环境问题日益严重，各国政府、企业和社会各界都在积极寻求可持续发展的解决方案。物流行业作为全球经济的重要组成部分，其环保和可持续发展对实现全球环境目标具有重要意义。

一、绿色物流

绿色物流是实现可持续发展的关键手段之一。通过优化物流过程中的各个环节，绿色物流旨在减少资源消耗和环境污染，提高效率。绿色物流的核心在于减少碳排放、降低能源消耗和实现废弃物管理。具体措施包括以下几方面：

（一）优化运输路径

优化运输路径是实现物流行业绿色发展的重要策略。通过采用先进的路径优化算法和智能调度系统，物流企业可以显著减少运输过程中的空驶率和重复运输，从而降低燃油消耗和碳排放，提高整体运营效率。

路径优化算法在优化运输路径中发挥了核心作用。这些算法通过计算最优路径，帮助物流企业在多个运输点之间选择最短或最经济的路线。常见的路径优化算法包括Dijkstra算法、A*算法和遗传算法等。这些算法能够快速计算出从起点到终点的最优路径，避免无效路径的选择，减少运输过程中的无效行驶和重复运输。在配送网络中，路径优化算法可以帮助调度系统选择最优配送路线，确保货物能够在最短时间内，安全、快速地送达目的地，从而减少燃油消耗和碳排放。

智能调度系统通过实时数据分析和动态调整，进一步优化运输路径。智能调度系统能够实时监控车辆的位置、交通状况、订单需求等信息，并根据这些数据动态调整运输计划。在交通拥堵时，智能调度系统可以实时重新规划路径，选择畅通的道路，避免车辆在拥堵路段浪费时间和燃油。此外，智能调度系统还可以根据订单的紧急程度和客户需求，优先安排紧急订单的配送，提高配送效率和客户满意度。

路径优化和智能调度系统的结合，能够大幅降低运输过程中的空驶率。空驶率是指运输工具在没有载货的情况下行驶的比例。高空驶率不仅浪费燃油，还增加了碳排放。通过路径优化和智能调度系统，物流企业可以最大限度地减少车辆的空驶率。智能调度系统可以优化车辆的装载顺序和路径规划，确保每次运输都能最大限度地利用车辆的载重量，减少空驶率。此外，路径优化算法可以帮助调度系统在调度车辆时，尽量选择能够进行回程载货的路线，进一步降低空驶率。

优化运输路径不仅有助于降低燃油消耗和碳排放，还能提高物流企业的经济效益。燃油成本是物流企业的重要成本之一，优化运输路径能够显著减少燃油消耗，降低运输成本。同时，减少碳排放也有助于企业履行社会责任，提升企业形象和竞争力。在环境保护日益受到重视的今天，物流企业通过优化运输路径，实现绿色物流，不仅有利于企业的可持续发展，也有助于整个社会的绿色转型。

优化运输路径是实现物流行业绿色发展的关键手段。通过采用先进的路径优化算法和智能调度系统，物流企业可以显著减少运输过程中的空驶率和重复运输，从而降低燃油消耗和碳排放，提高整体运营效率。路径优化算法能够快速计算最优路径，避免无效行驶和重复运输；智能调度系统通过实时数据分析和动态调整，进一步优化运输计划，确保货物能够快速、安全地送达目的地。优化运输路径不仅有助于降低燃油成本和碳排放，还能提升物流企业的经济效益和社会责任，推动整个物流行业的绿色转型和可持续发展。

（二）使用环保车辆

推广使用电动汽车、氢燃料电池车等清洁能源运输工具，可以显著减少传统燃油车的使用，从而降低温室气体排放，提高环境质量，推动绿色物流的实现。

电动汽车在物流运输中的应用具有明显的环保优势。电动汽车使用电力驱动，不排放尾气，能够有效减少二氧化碳、氮氧化物和颗粒物的排放。随着电池技术的进步和充电基础设施的完善，电动物流车的续航能力和充电速度逐渐提升，适用范围也不断扩大。在城市配送和短途运输中，电动汽车已经成为一种可行的选择。一些电商和快递公司已经开始采用电动货车进行城市内的包裹配送，不仅减少了城市污染，还降低了噪声污染，提高了城市生活质量。

氢燃料电池车作为一种清洁能源车辆，在物流运输中也展现出巨大的潜力。氢燃料电池车以氢气为燃料，通过化学反应生成电能驱动车辆，排放物只有水，对环境没有污染。相比电动汽车，氢燃料电池车具有更长的续航里程和更快的加氢速度，特别适合长途运输和重载运输。尽管目前氢燃料电池车的推广还面临氢气供应和基础设施建设的挑战，但随着技术的发展和政策的支持，这些问题有望逐步解决，氢燃料电池车将在物流运输中发挥越来越重要的作用。

使用环保车辆不仅有助于减少温室气体排放，还能显著降低物流企业的运营成本。虽然电动汽车和氢燃料电池车的初始购买成本较高，但其日常运行成本远低于传统燃油车。电动汽车的电力成本低于燃油成本，且维护保养费用较低，因为电动汽车结构简单，磨损部件少。氢燃料电池车的氢气成本也有望随着技术的进步和规模化生产逐步下降。因此，从长远来看，使用环保车辆可以为物流企业带来可观的经济效益。

许多国家和地区已经出台了相关政策，鼓励物流企业采用清洁能源运输工具。一些国家通过提供购车补贴、减免税收和建设充电设施等方式，促进电动汽车和氢燃料电池车的普及。政府还可以通过制定排放标准和限制燃油车使用等措施，推动物流企业转向环保车辆。

推广电动汽车和氢燃料电池车等清洁能源运输工具，可以有效减少传统燃油车的使用，降低温室气体排放，提高环境质量。电动汽车在城市配送和短途运输中的应用前景广阔，氢燃料电池车在长途运输和重载运输中具有巨大潜力。尽管初期成本较高，但环保车辆在长期运行中能显著降低运营成本。政府的政策支持和基础设施建设是推广环保车辆的关键，能够推动物流行业向可持续方向发展，创造更绿色的未来。

（三）提高装载效率

提高装载效率是物流行业实现可持续发展的重要手段之一。通过优化装载和包装，可以显著提高运输工具的装载率，减少单次运输的能耗，进而降低物流成本和环境影响。

优化装载率能够显著减少运输工具的空驶率和不必要的运输次数。传统的装载方式往往存在装载不均、空间浪费等问题，导致运输工具的装载率偏低，增加了运输的频次和能耗。通过采用智能装载系统和优化算法，可以精确计算货物的尺寸、重量和形状，合理规划货物的摆放位置和装载顺序，提高货物的紧凑度和装载率。3D扫描和数据分析技术可以快速获取货物的尺寸信息，并生成最佳装载方案，最大限度地利用运输工具的空间，提高运输效率。

合理的包装设计不仅能够保护货物，还能减少包装材料的浪费和运输过程中的损耗。通过使用可折叠、可堆叠和模块化的包装设计，可以有效减少包装体积，提高货物的装载率。电商企业可以根据不同产品的特性，设计标准化的包装盒和托盘，便于仓储和运输中的装载和堆叠，减少运输过程中的空隙和浪费。此外，采用环保材料和可回收包装，可以进一步降低包装对环境的影响，实现绿色包装。

提高装载效率还可以降低单次运输的能耗，减少碳排放和对环境的影响。运输工具的能耗与其载重密切相关，在相同的运输距离下，提高装载率可以显著减少运输工具的燃料消耗和二氧化碳排放。物流企业通过优化装载和包装，能够减少运输车辆的运行次数和行驶里程，降低整体运输能耗，提升物流的环保效益。快递公司通过集约化装载和优化线路规划，实现一次运输更多包裹，减少车辆的空载运行，提升运输效率和环保效益。

通过优化装载和包装，物流企业可以降低运输成本，提高运营效率。减少运输工具的空载和不必要的运输次数，可以节省燃料、人工和时间成本，提高资源利用率和企业的竞争力。智能装载系统和优化算法的应用，可以减少人为因素的影响，提高装载操作的精确性和一致性，降低操作成本和错误率。

智能装载系统和优化算法的应用，能够提高装载操作的精确性和效率，降低运输成本和对环境的影响。政府和行业组织的支持和推动，将进一步提升物流企业在装载和包装优化方面的能力，促进物流行业的绿色转型和可持续发展。

（四）回收和再利用

回收和再利用是推动物流行业可持续发展的关键措施之一。通过建立健全的物流包装材料回收和再利用体系，物流企业可以显著减少一次性包装材料的使用，降低废弃物的产生，实现资源的循环利用。这一体系能够鼓励客户和合作伙伴回收使用过的包装材料，并将其重新加工和利用，减少资源浪费和环境污染。此外，通过回收系统将使用后的包装材料收集、清洗、消毒和修复后重新投入使用，可以有效降低垃圾处理成本，减少对自然环境的破坏。政府和行业组织的支持在这一过程中也至关重要，通过政策法规、税收减免和技术推广等措施，推动企业积极开展回收和再利用工作，促进物流行业的绿色转型和可持续发展。

二、先进技术助力可持续发展

（一）物联网（IoT）

先进技术助力可持续发展在物流行业的实施，不仅提升了效率，还在能源节约和环境保护方面产生了显著效果。物联网（IoT）技术在这一过程中起着关键作用。通过物联网传感器实时监控物流过程中的能耗和环境数据，企业可以精准掌握能源使用情况，优化物流运作，减少不必要的能耗和排放。比如，物联网技术可以监控运输车辆的燃油消耗和驾驶行为，帮助企业调整驾驶策略和优化运输路线，从而降低燃料消耗和碳排放。

（二）大数据和人工智能（AI）技术

大数据和人工智能（AI）技术也在推动物流行业的可持续发展中发挥了重要作用。利用大数据和AI分析物流各环节的数据，企业可以发现能耗和排放的关键点，制定科学的减排措施。AI技术可以通过对大量历史数据的分析，预测未来的需求变化，优化库存管理和运输计划，减少资源浪费。AI可以优化配送路线，减少运输过程中的空驶率和重复运输，提高物流效率，降低运营成本和环境影响。此外，AI还能预测设备的维护需求，减少设备故障和非计划停机，提高设备的利用率和使用寿命，进而减少资源消耗和废弃物产生。

（三）无人驾驶和自动化设备

无人驾驶和自动化设备的广泛应用是物流行业迈向可持续发展的重要一步。无人驾驶和自动化设备不仅提高了物流运作的效率，还减少了人力资源消耗和运营成本，降低了能耗和排放。无人驾驶卡车在高速公路上能够长时间高效运行，减少了人为操作带来的能耗和排放波动。此外，自动化仓储系统和机器人拣选系统通过精准控制和高效操作，优化了仓储和配送流程，减少了能源消耗和物料浪费。这些技术的应用，不仅提高了物流行业的运营效率，还显著降低了对环境的负面影响。

总之，先进技术在推动物流行业可持续发展方面具有不可替代的作用。

物联网、大数据和人工智能技术帮助企业优化能源使用和物流运作,无人驾驶和自动化设备则提升了效率和减少了排放。通过不断应用和创新这些技术,物流行业将继续在提高效率的同时,致力于减少环境影响,推动全球可持续发展目标的实现。

三、供应链的可持续管理

供应链的可持续管理是实现物流行业整体绿色发展的重要环节。通过供应链各环节的协同合作,企业可以从生产、运输、存储到配送全过程,实现环境友好和资源节约。

(一)绿色采购

绿色采购是实现可持续发展和环境保护的重要举措之一,它要求企业在选择供应商时,优先考虑那些注重环保和可持续发展的供应商。通过这一策略,企业不仅可以降低自身的环境影响,还能推动整个供应链的绿色转型。

选择环保供应商意味着选择那些在生产过程中采用节能降耗技术、使用可再生资源和减少污染排放的企业。采购可再生材料或经过认证的环保产品,可以显著降低资源的过度消耗和环境污染。通过推动供应商采取绿色生产措施,企业能够间接地减少整个生产链条上的资源浪费和环境污染,促进可持续发展。

现代消费者越来越关注产品的环保性和企业的社会责任行为。通过绿色采购,企业可以提升品牌形象和市场声誉,满足消费者对环保产品的需求,增强市场竞争力。同时,绿色采购还可以帮助企业规避环境法规和政策的风险,避免因环保问题导致的法律纠纷和经济损失。企业作为供应链的重要环节,通过绿色采购可以影响上游供应商的生产行为,推动其采取环保措施。企业可以通过制定绿色采购标准和政策,要求供应商提供环保认证和环境管理体系证书,从而促进供应商改进生产工艺,降低环境影响。这种方式不仅可以改善供应链的整体环境绩效,还能形成良性循环,推动更多企业参与绿色生产和环保行动。

尽管初期需要投入更多的成本,但长期来看,绿色采购可以降低能源和资源消耗成本,提高生产效率。使用可再生能源和节能设备可以降低能源成本,采用环保材料和技术可以减少废弃物处理费用。同时,绿色采购可以减少环境风险和合规成本,避免因环境问题导致的处罚和赔偿。

为了实现绿色采购，企业需要采取一系列措施。首先，制定明确的绿色采购政策和标准，将环保和可持续发展纳入采购决策过程。其次，建立绿色供应商评估体系，定期评估和审核供应商的环保绩效，确保其符合企业的绿色采购标准。最后，企业可以与供应商建立长期合作关系，共同开展环保技术研发和推广，推动绿色生产技术的应用和普及。

绿色采购不仅有助于企业自身的可持续发展和市场竞争力提升，还能推动整个供应链的绿色转型和环境保护。通过制定和实施绿色采购政策，企业可以在实现经济效益的同时，履行社会责任，推动绿色经济的发展。

（二）全生命周期管理

全生命周期管理是一种系统的环境管理方法，旨在从产品设计、生产、使用到回收的整个生命周期中减少资源消耗和环境影响。通过全生命周期管理，企业可以实现更高的资源效率和更低的环境负担，推动可持续发展。

1. 设计阶段

在产品设计阶段强调生态设计（Eco-design）和绿色设计。这一阶段决定了产品的大部分环境影响，企业可以通过选择环保材料、设计节能结构和减少有害物质使用来减少环境负担。使用可再生材料和可回收材料，可以减少对自然资源的依赖和废弃物的产生。设计节能产品，如低能耗家电和高效能汽车，有助于减少使用阶段的能源消耗。

2. 生产阶段

在生产阶段，全生命周期管理鼓励企业采用清洁生产技术和优化生产流程。清洁生产技术通过提高资源利用效率和减少污染物排放，降低生产过程中的环境影响。企业可以通过优化生产设备、改进工艺流程、回收利用副产品和废弃物来实现清洁生产。通过水循环利用和废气处理系统，企业可以减少水资源消耗和大气污染。优化生产流程和减少物料浪费也有助于降低生产成本。

3. 产品使用阶段

在产品使用阶段，全生命周期管理关注产品的能效和使用寿命。企业可以通过开发高效节能产品和提供使用指导，帮助消费者减少能源消耗和环境影响。生产低能耗电器和节水设备，可以帮助用户在使用过程中节省能源和水资源。延长产品的使用寿命，通过维修和升级服务，减少产品更换频率和废弃物产生。

4. 产品回收阶段

在产品回收阶段，全生命周期管理强调循环经济和资源再利用。企业应建立健全回收体系，促进废弃产品的回收、再制造和再利用。通过回收利用，企业可以减少废弃物对环境的影响，降低原材料需求和生产成本。电子产品制造商可以回收旧电子设备，通过再制造和再利用减少电子废物的产生。建筑材料回收再利用，可以减少建筑垃圾对环境的负担。

全生命周期管理不仅有助于减少环境影响，还可以带来经济和社会效益。通过提高资源利用效率和减少浪费，企业可以降低生产成本，提高经济效益。通过生产绿色产品和提供环保服务，企业可以提升品牌形象和市场竞争力，满足消费者对环保产品的需求。此外，全生命周期管理有助于企业遵守环境法规和政策，降低环境风险和法律责任。

为了实施全生命周期管理，企业需要建立相应的管理体系和措施。制定全生命周期管理政策和目标，将可持续发展纳入企业战略。开展全生命周期评估，分析产品的环境影响，识别改进机会。企业还应加强内部培训和宣传，提高员工的环境意识和技能。与供应链上下游企业合作，推动全生命周期管理的实施和推广。

全生命周期管理是一种系统、全面的环境管理方法，通过从设计、生产、使用到回收的全方位管理，企业可以减少资源消耗和环境影响，从而实现可持续发展。在全球环境挑战日益严峻的背景下，全生命周期管理为企业提供了重要的应对策略和发展方向。

（三）协同运输

协同运输是一种通过多企业、多模式合作来优化物流资源配置的运输方式。通过协同运输，各企业能够共享运输资源，提升运输效率，减少能耗和排放，实现经济效益和环境效益的双赢。

多企业协同运输可以显著提高运输资源的利用率。在传统的物流模式中，各企业通常独立进行运输，这导致运输车辆空载或半载，资源利用率低下。通过协同运输，不同企业可以共享运输车辆和仓储设施，减少空载率。多个企业可以共同使用一个配送中心，整合运输需求，减少车辆行驶的空载距离，从而提高运输车辆的装载率，减少运输成本和能源消耗。

多模式协同运输能够优化物流网络，提高运输效率。多模式运输指的是综合利用公路、铁路、水路和航空等多种运输方式，根据运输距离、货物特性和时间要求，选择最优的运输组合方式。通过多模式协同运输，企业可以充分发挥不同运输方式的优势，降低运输成本和时间。对于长距离运输，可以优先选择铁路和水路等低成本、低能耗的运输方式，对于短距离和时效性要求高的运输，则选择公路和航空运输。通过这种综合运输方式，企业能够灵活应对物流需求变化，提高整体运输效率。

协同运输还能够减少碳排放，降低环境影响。通过优化运输路线和提高装载率，协同运输减少了单次运输的能源消耗和排放。此外，多模式协同运输能够减少对高能耗、高排放运输方式的依赖，选择更加环保的运输方式。铁路和水路运输相比公路运输，单位货物的碳排放更低，协同运输可以通过增加铁路和水路运输比例，有效减少碳排放。在国际运输中，通过协同运输，企业可以减少不必要的中转和重复运输，降低国际物流的碳足迹。

实施协同运输需要企业间的紧密合作和信息共享。各企业需要通过信息技术平台实现运输需求和资源的实时共享和协调。使用物流管理系统（LMS）和运输管理系统（TMS），企业可以共享库存、订单和运输信息，实时调度运输车辆和仓储资源，提高协同运输的效率和响应能力。通过信息共享，各企业能够动态调整运输计划，优化运输路线和装载策略，降低物流成本和对环境影响。

政府和行业组织在推动协同运输方面也发挥着重要作用。政府可以通过政策引导和激励措施，鼓励企业采用协同运输模式。通过税收减免、补贴和奖励政策，支持企业投资协同运输技术和设备。行业组织可以制定协同运输的标准和规范，推动企业间的合作与信息共享。欧盟在推动绿色运输方面，通过设立绿色物流奖项和认证体系，鼓励企业采用协同运输模式，减少运输中的碳排放。

协同运输通过多企业、多模式的合作，优化物流资源的配置，提高运输效率，减少能耗和排放，具有显著的经济和环境效益。通过信息技术平台的支持和政府政策的推动，协同运输模式在物流行业中将得到广泛应用和发展，助力可持续物流体系的构建。

四、政策支持与国际合作

政策支持与国际合作在推动物流行业的可持续发展中发挥了关键作用。各国政府通过制定法律法规、提供财政支持和税收优惠，鼓励企业采取绿色物流和可持续发展措施。欧洲多个国家实施了碳税政策，迫使物流企业减少碳排放并采用清洁能源运输工具。政府还通过直接投资和补贴，支持研发和部署清洁能源车辆，如电动卡车和氢燃料电池车，推动物流行业向绿色方向发展。此外，政府政策支持还包括制定和推广绿色物流标准和认证体系，鼓励企业优化物流流程、提高运输效率和使用环保包装材料，减少对环境的影响。

国际合作对于解决全球性环境问题至关重要。物流行业的可持续发展需要各国的共同努力，通过国际组织和跨国合作，制定统一的环保标准和规范，推动全球物流行业的绿色发展。国际海事组织（IMO）制定的《国际船舶防污染公约》（MARPOL），通过限制船舶排放、规范废物处理和加强环境保护措施，减少了海洋污染，推动了海运业的可持续发展。国际航空运输协会（IATA）和全球物流和供应链管理协会（GLSCM）等组织也致力于推动跨国物流企业之间的合作，制定和推广绿色物流标准，提升全球供应链的可持续性。通过政策支持和国际合作，物流行业能够共享最佳实践和创新技术，推动全球范围内的绿色发展，为全球环境保护做出重要贡献。

五、社会责任与公众参与

在实现可持续发展目标的过程中，企业应积极履行社会责任，透明化运营，接受公众监督。企业需要公开其在环保和可持续发展方面的努力和成果，通过年度报告、新闻发布和在线平台等途径，让公众了解企业在降低碳排放、节约能源和减少废弃物方面所采取的具体措施和取得的成效。透明化的运营不仅能增强企业的社会信誉，还能吸引更多环保意识强烈的消费者和投资者。同时，企业应建立有效的公众监督机制，鼓励公众和第三方机构对企业的环保实践进行监督并给予反馈，以确保企业的可持续发展政策和措施切实落实到位。

企业还应加强与公众的互动，通过宣传和教育，提高公众的环保意识和参与度。通过开展绿色物流宣传活动，企业可以向公众介绍环保包装、绿色配送和低碳消费等知识，鼓励消费者选择更加环保的物流和消费方式。企业可以在其官方网站和社交媒体平台上发布关于绿色物流的科普文章和视频，举办线上线下的环保主题活动，激发公众的环保意识和行动力。此外，企业可以与学校和社区合作，开展环保教育项目，培养青少年的环保理念和实践能力。通过这些努力，企业不仅能提升自身的社会形象，还能推动整个社会的绿色消费理念普及，形成全民参与环保的良好氛围，从而实现更广泛的可持续发展目标。

可持续性与环境影响在物流行业中具有重要意义。通过绿色物流、先进技术、供应链可持续管理、政策支持与国际合作以及社会责任与公众参与，物流行业可以实现高效与环保的双赢，为全球可持续发展做出积极贡献。随着技术的不断进步和社会各界的共同努力，未来的物流行业将更加绿色、智能和可持续发展。

第十章　全球视角：智能物流的国际合作与竞争

本章着眼于全球视角下智能物流的国际合作与竞争，探讨这一领域在全球范围内的发展态势和未来趋势。在第一节中，我们将分析全球市场的动态，了解各主要经济体在智能物流领域的最新进展和市场动向。第二节则聚焦于国际合作与标准制定，探讨各国和地区在推动智能物流标准化和国际协作方面的努力与挑战。分析全球化进程中智能物流如何促进国际贸易和供应链效率的提升，以及面临的机遇与挑战。通过这些内容的探讨，本章旨在全面揭示智能物流在全球背景下的发展前景与竞争态势，为行业相关者提供有价值的参考。

全球市场动态分析

随着全球化的深入和科技的快速发展，物流自动化在国际市场上呈现出蓬勃发展的态势。以下是国际市场物流自动化的几大动态。

一、技术创新与应用加速

（一）新技术引领潮流

1. 自动化仓储系统（AS/RS）

自动化存储和检索系统（AS/RS）是现代物流仓储的核心技术之一。这种系统利用计算机控制的设备进行物料存储和检索操作，大幅提升了仓库的空间利用率和工作效率。AS/RS 系统可以在垂直空间内进行高密度存储，减少了对地面空间的依赖，适用于各种规模的仓库。通过自动化设备的精确控制，AS/RS 能够快速、准确地完成物料的存取操作，避免了人工操作中的误差，提高了订单处理的准确性和及时性。在亚马逊的自动化仓库中，AS/RS 系统能够在短时间内处理成千上万的订单，确保高效的库存管理和配送服务。

2. 自动导引车（AGV）

自动导引车（AGV）是一种能够自主导航和移动的智能车辆，广泛应用于物流仓储和生产制造中。AGV 通过路径规划和传感器技术，实现了自动化的物料搬运和拣选。AGV 系统可以根据仓库布局和订单需求，灵活调整行驶路径，避免障碍物，确保高效、安全的物料运输。AGV 不仅能够显著减少人工搬运的劳动强度，还能在 24 小时内不间断工作，提升了整体物流系统的运作效率。阿里巴巴在其物流中心广泛应用 AGV，通过智能调度系统优化 AGV 的运行路径，提高了物料搬运的速度和准确性，有效应对了电商高峰期的大量订单需求。

3. 机器人拣选系统

机器人拣选系统是物流自动化中的关键技术之一，利用工业机器人或协作机器人完成仓库中的物料拣选和搬运任务。机器人拣选系统通过机械臂和夹具，结合视觉识别和人工智能算法，能够快速识别、抓取和搬运目标物品。机器人拣选系统具有高精度和高效率的特点，适用于各种类型的仓库和物资。与传统人工拣选相比，机器人拣选系统大幅提高了拣选速度和准确性，减少了人为操作中的错误和损失。亚马逊的仓库中大量采用 Kiva 机器人，通过自主移动和智能拣选，显著提升了订单处理的效率和准确性，降低了运营成本。

4. 无人机配送

无人机配送是物流自动化领域的一项创新技术，特别适用于"最后一公里"的配送环节。无人机通过 GPS、传感器和自动导航技术，实现了包裹的快速、准确配送。无人机能够在空中飞行，避开地面交通拥堵，显著缩短配送时间，尤其在紧急配送和偏远地区的物资运输中优势明显。无人机配送不仅提升了配送速度，还减少了人工配送的成本和劳动强度。亚马逊的 Prime Air 计划正是利用无人机实现 30 分钟内送货上门的目标，大幅提升了客户满意度和配送效率。

（二）物联网和人工智能的融合

1. 物联网（IoT）技术在物流中的应用

物联网技术通过传感器和智能设备的广泛应用，实现了物流过程中的数据实时互联和监控。物联网设备，如 RFID 标签、GPS 定位器和环境传感器，

智能物流：机器人技术的未来

能够实时采集货物的位置信息、温湿度等环境数据。这些数据通过无线网络传输到物流管理系统，实现对货物全生命周期的监控和管理。

在冷链物流中，物联网传感器可以实时监测冷藏车内的温湿度，确保冷链食品在运输过程中的品质和安全。通过物联网技术，物流企业可以实时了解货物的状态，及时发现并处理异常情况，提高运输的可靠性和安全性。

2. 人工智能（AI）技术在物流中的应用

人工智能技术通过数据分析、机器学习和预测算法等手段，优化物流过程中的各项决策和操作。AI 技术能够处理和分析大量的物流数据，发现隐藏的规律和趋势，并提供精准的预测和决策支持。

在运输路径优化方面，AI 技术可以结合实时交通信息、天气情况和历史运输数据，计算出最优运输路径，减少运输时间和成本。UPS 采用的 ORION（On-Road Integrated Optimization and Navigation）系统，通过 AI 算法优化车辆的行驶路线，减少了不必要的转弯和停车，提高了配送效率，降低了燃油消耗和运营成本。

3. IoT 与 AI 的融合：实现智能物流

物联网和人工智能技术的融合，使得物流企业能够更好地实现智能化管理和自动化操作。通过物联网设备采集的数据，AI 系统可以进行实时分析和处理，为物流各环节提供精准的决策支持。这一融合带来的优势体现在多个方面。

物联网传感器实时监控物流设备和车辆的运行状态，AI 系统分析这些数据，预测设备的故障和维护需求。物流车队的轮胎传感器监测轮胎的磨损情况，AI 系统分析数据后预测轮胎的更换时间，减少突发故障，提高运输效率。通过实时监控，物流企业可以预先识别和解决潜在问题，避免设备突然发生故障造成的运营中断。这不仅提高了设备的可靠性和寿命，还大幅降低了维护成本和故障风险。

在智能库存管理方面，物联网设备监控仓库中的库存情况，AI 系统分析库存数据，优化库存补货和存储策略。通过 AI 预测模型，物流企业可以准确预测未来的库存需求，减少库存积压和缺货情况，提高库存周转率。智能库存管理系统能够实时更新库存信息，自动生成补货计划，确保库存充足且不过量。这样一来，企业不仅减少了资金占用，还能更灵活地应对市场需求变化，提高运营效率和客户满意度。

第十章　全球视角：智能物流的国际合作与竞争

AI 系统分析客户的订单数据和行为模式，优化配送路线和时间安排。物联网设备实时监控配送过程，确保货物按时送达，提高客户满意度。电商平台利用 AI 技术分析客户的购买习惯，优化仓库布局和配送策略，提供更快、更准时的配送服务。通过精确的需求预测和个性化的配送安排，企业不仅提高了配送效率，还增强了客户忠诚度和品牌竞争力。

供应链协同优化是物联网和 AI 技术在物流管理中的高级应用。物联网技术实现供应链各环节的数据互联，AI 系统分析整个供应链的数据，优化供应链的运作效率。制造商、物流供应商和零售商通过物联网平台共享库存和订单数据，AI 系统分析数据后优化生产计划和物流调度，减少供应链的整体成本，提高供应链的响应能力。通过实时的数据共享和智能分析，供应链各环节实现了高度协同和无缝对接，大幅提升了整体运营效率和市场竞争力。

物联网和人工智能技术的融合为物流企业带来了全方位的优化，从实时监控和预测维护，到智能库存管理、个性化配送服务和供应链协同优化。通过这些技术的应用，物流企业能够实现更高效、更精准的管理和运营，提升客户满意度和市场竞争力，为未来的智能化物流发展奠定坚实基础。

二、区域市场的快速发展

（一）亚洲市场的崛起

中国、日本和韩国等亚洲国家在物流自动化方面取得了显著进展。中国的京东、阿里巴巴等电商巨头通过大规模的自动化仓储中心和智能物流系统，大幅提升了物流效率和服务质量。日本的物流企业在机器人和自动导引车方面也取得了显著成果，推动了物流自动化的深入发展。

（二）北美和欧洲市场的创新

北美和欧洲市场在物流自动化技术的创新和应用上处于领先地位。美国的亚马逊和 UPS 等企业在自动化仓储和配送技术方面持续投入，欧洲的物流企业则在智能调度和路径优化方面表现出色，通过先进的技术手段提升了物流效率和服务水平。

三、全球供应链的优化与整合

全球供应链的优化与整合是现代物流发展的关键方向，主要体现在跨国合作与协同以及标准化与规范化两个方面。

智能物流：机器人技术的未来

跨国合作与协同在全球物流市场中日益重要。物流企业通过跨国合作，实现了全球供应链的优化与整合，从而提升整体物流效率。国际快递巨头 DHL 在全球范围内布局自动化仓储和配送中心，利用先进的物流技术和信息系统，实现了跨国物流的高效协同。DHL 在世界各地建立了智能物流枢纽，这些枢纽配备了自动化存储和检索系统、机器人拣选系统以及先进的运输管理系统，通过实时数据共享和智能调度，确保各个环节无缝衔接。这种全球化布局和高效协同，使得 DHL 能够快速响应客户需求，优化物流路径，减少运输时间和成本，提升客户满意度。

跨国合作不仅限于物流企业之间，还包括与制造商、零售商和技术供应商的合作。通过整合各方资源和优势，全球供应链实现了更高效的运作。制造商与物流企业合作，共同优化生产计划和物流调度，确保生产与配送无缝对接，减少库存积压和生产停滞。零售商与物流企业合作，利用实时库存数据和客户订单信息，优化库存管理和配送策略，提高物流效率和客户满意度。技术供应商通过提供先进的物流技术和解决方案，支持物流企业实现自动化和智能化运作，推动全球供应链的不断优化。

标准化与规范化是推动国际市场物流自动化发展的重要力量。各国和地区通过制定和推广物流自动化标准，促进了技术的互联互通和兼容性，提高了物流系统的可靠性和效率。国际标准组织（ISO）在物流自动化标准制定方面发挥了关键作用，为全球物流行业的发展提供了规范和指导。ISO 制定的物流自动化标准涵盖了物流设备、信息系统、操作流程等各个方面，确保不同国家和地区的物流系统能够无缝对接和高效协作。通过统一的标准，物流企业可以更加便捷地采用新技术和设备，提高物流系统的整体性能和效率。标准化的自动化存储和检索系统（AS/RS）、自动导引车（AGV）和机器人拣选系统，使得物流企业能够快速部署和集成这些先进技术，实现仓储和配送的自动化运作。此外，标准化的信息系统和数据接口，促进了物流数据的实时共享和协同优化，提高了供应链的透明度和响应速度。通过制定严格的安全标准和操作规范，确保物流设备和系统在运行中的安全可靠，减少事故和故障的发生。可持续发展的标准和规范，推动物流企业采用绿色技术和环保措施，减少能源消耗和碳排放，实现可持续发展的目标。绿色物流标准鼓励物流企业使用电动物流车和可再生能源，提高物流运作的环境友好性和可持续性。

全球供应链的优化与整合通过跨国合作与协同以及标准化与规范化，推动了全球物流市场的高效运作和持续发展。跨国合作促进了资源整合和优势互补，提高了物流效率和客户满意度。标准化与规范化确保了物流系统的互联互通和高效协作，推动了物流技术的创新和应用。未来，随着技术的不断进步和合作的深入，全球供应链将进一步优化和整合，为全球经济的繁荣发展提供有力支持。

四、政策支持与投资激励

政策支持与投资激励在物流自动化发展中发挥了重要作用，推动了技术的应用和行业的快速发展。各国和地区通过一系列政策和激励措施，积极支持物流自动化的推进。政府通过《中国制造2025》和"十四五"智能制造发展规划，大力推动物流企业加快自动化技术的应用。《中国制造2025》旨在提升中国制造业的整体水平，其中包括推动物流自动化技术的应用，提升供应链效率和物流管理水平。通过政策支持和财政激励，政府鼓励物流企业引进先进的自动化设备和系统，进行技术改造和升级。

美国政府则通过税收减免和创新基金，鼓励企业在物流自动化方面的投资。通过对物流自动化设备和技术投资提供税收减免，降低企业的投资成本，激发企业对新技术的应用热情。此外，美国政府设立创新基金，支持物流自动化初创企业和研发项目的发展。这些创新基金为企业提供了充足的资金支持，帮助其进行技术研发和市场推广，加快物流自动化技术的落地和普及。

大量风险投资和私募股权基金流入物流自动化领域，支持初创企业和创新项目的发展。自动化仓储和机器人技术公司获得了大量的资本支持，推动了技术的快速迭代和应用。这些投资不仅为企业提供了资金支持，还带来了丰富的市场资源和管理经验，助力企业在激烈的市场竞争中脱颖而出。通过并购和合作，物流自动化企业能够整合资源，实现优势互补，提高整体竞争力。物流自动化技术公司与传统物流企业的合作，推动了技术与市场的深度融合，提高了物流系统的整体效能和服务水平。此外，资本市场的参与还为企业提供了更广阔的发展平台，通过上市和融资，企业能够获得更多的资金支持和市场认可，加速全球布局和业务扩展。

政策支持与投资激励通过政府政策和资本市场的双重推动，为物流自动化的发展提供了强有力的支持。各国和地区通过政策和激励措施，促进物流企业加快技术应用和升级，提升物流管理水平和供应链效率。资本市场通过资金支持和资源整合，推动企业技术创新和市场扩展，加速物流自动化技术的普及和应用。未来，随着政策和市场的进一步支持，物流自动化将继续快速发展，为全球物流行业的进步和创新提供强大动力。

国际市场物流自动化在技术创新、区域市场发展、全球供应链优化和政策支持等方面呈现出快速发展的动态。通过自动化技术的广泛应用和跨国合作，物流行业在全球范围内实现了效率提升和服务优化，为企业的高效运营和客户满意度的提升提供了坚实的保障。

国际合作与标准制定

在全球化背景下，物流和供应链的自动化发展不仅依赖于国家或企业的努力，还需要国际合作与标准制定。这种合作与标准化工作有助于促进技术的互联互通、兼容性和全球供应链的整体优化。

一、国际合作的重要性

国际合作是全球供应链自动化的重要推动力。物流和供应链管理跨越国境，涉及多个国家和地区的协作。因此，跨国合作能够实现资源共享、信息互通和技术协同，提升全球物流网络的效率和响应能力。国际快递巨头如DHL、FedEx 和 UPS 在全球范围内布局自动化仓储和配送中心，通过先进的物流技术和信息系统，实现跨国物流的高效协同。这些企业通过合作，优化全球供应链网络，提高了整体物流效率，降低了运营成本。

二、标准化的推动作用

（一）实现技术互联互通和兼容性

不同国家和地区的物流自动化标准和规范各异，导致自动化设备和系统在跨国应用中存在兼容性问题。一个在欧洲开发并使用的自动导引车（AGV）系统无法与亚洲的自动化仓储系统（AS/RS）无缝对接，因为两者的通信协议和数据接口标准存在差异。这种技术不兼容性不仅增加了系统集成的复杂性，还影响了整体物流效能。

标准化通过制定统一的技术规范，确保不同设备和系统之间的互联互通和兼容性，从而提高跨国物流系统的整体效能。通过标准化，物流企业可以确保其在全球范围内使用的各种自动化设备能够无缝对接,形成一个高度协同的物流操作系统。统一的通信协议和数据接口标准可以使来自不同制造商的设备在同一系统内协同工作,避免数据传输和操作上的障碍。

具体来说,标准化的通信协议可以确保数据在不同系统之间的可靠传输。统一的无线通信标准可以确保 AGV 在全球范围内的物流中心无缝运行,无须为不同地区调整通信设置。同样,标准化的数据接口可以使得物流管理软件无缝集成各种自动化设备,提供实时的运营数据,支持智能调度和路径优化。

通过这些标准化措施,物流操作的协同效率得到了显著提升。不同设备和系统之间的无缝对接减少了数据传输和操作中的瓶颈,提高了整体物流系统的响应速度和操作精度。这不仅提升了物流企业的运营效率,还增强了供应链的弹性和应对市场变化的能力。标准化使全球供应链能够更高效地运作,推动了物流行业的现代化和全球化发展。

(二)国际标准组织(ISO)的作用

国际标准组织(ISO)在推动物流自动化标准化方面发挥了重要作用。通过制定全球认可的标准,ISO 致力于促进技术的统一和规范。这一过程不仅为企业提供了技术参考和操作指南,还大大提升了自动化设备和系统在全球范围内的兼容性和可靠性。

ISO 制定的物流自动化标准涵盖了多方面的技术,包括自动化仓储系统(AS/RS)、自动导引车(AGV)、机器人拣选系统和无人机配送等。具体而言,ISO 标准对这些技术的设计、安装、操作和维护进行了详细的规定。ISO 标准对 AS/RS 系统的结构、操作流程、数据接口和安全措施进行了规范,确保不同制造商生产的设备能够互相兼容,在全球范围内无缝集成。同样,对于 AGV 和机器人拣选系统,ISO 标准规定了通信协议、路径规划算法和安全防护措施,确保这些设备在复杂的物流环境中能高效运行。

这些标准为物流企业提供了操作指南和技术规范,使得企业在选择、部署和运行自动化设备时有据可依。通过遵循 ISO 标准,物流企业可以确保所使用的设备和系统在实际应用中的兼容性和可靠性,避免因设备不兼容或技术不规范带来的问题。物流企业在采购自动化设备时,可以依据 ISO 标准进行评估和选择,确保所购设备符合全球认可的技术规范,从而在跨国运营中无缝对接其他系统。

ISO 标准的推广和实施还促进了全球物流行业的技术进步和创新。通过统一标准，技术创新和改进可以在全球范围内迅速推广和应用，加速了物流自动化技术的发展。随着 ISO 标准的逐步完善，越来越多的新技术和新设备被纳入标准范畴，推动了整个行业的技术进步和效率提升。通过这些努力，ISO 在提升全球供应链的整体效率和可靠性方面发挥了关键作用。标准化使得物流自动化技术在全球范围内得以广泛应用和推广，为物流行业的现代化和全球化发展提供了强有力的支撑。

（三）提升物流系统的可靠性和效率

通过统一的标准，物流企业可以减少设备之间的兼容性问题和系统集成的复杂性。不同制造商生产的自动化设备，如果遵循相同的标准，就能够实现无缝对接和互操作，这不仅降低了系统集成的难度，还减少了因设备不兼容导致的故障和停机时间。采用统一通信协议和数据接口标准的自动导引车（AGV）和机器人拣选系统，可以在同一物流中心内高效协作，确保物流作业的顺畅进行。

标准化设备和系统能够更快速地部署和运行，减少了调试和维护时间。由于标准化设备具有统一的操作界面和维护规范，技术人员可以更容易地进行设备调试和故障排除，显著缩短了系统上线时间。此外，标准化设备的维护和更换也更加简便，因为各个设备模块之间具有良好的互换性，可以迅速替换故障部件，确保系统的连续运行。

机器人拣选系统按照标准化的操作流程和数据接口进行设计，能够快速适应不同仓库环境的需求，减少了定制化开发和调试的时间。AGV 系统通过标准化路径规划和导航算法，能够在不同的物流中心内迅速部署，实现高效、准确的物资搬运。这种快速部署能力，使物流企业能够灵活应对市场需求的变化，提升了整体供应链的响应速度和灵活性。

通过遵循统一标准，物流企业可以更加方便地引入新技术和新设备，实现系统的逐步升级。在引入新的传感器或人工智能算法时，标准化的接口和协议能够确保新技术与现有系统的无缝集成，避免了大规模的系统重构和调整，节省了时间和成本。

标准化设备和系统的快速部署和高效运行，使得物流企业能够更好地满足客户需求，提供高质量的物流服务。在全球市场竞争中，拥有标准化物流系统的企业能够更快响应市场变化，更灵活地调整运营策略，实现可持续发展和长期竞争优势。

第十章　全球视角：智能物流的国际合作与竞争

（四）促进全球供应链的优化

通过统一的技术标准，各国和地区的物流系统能够实现更高效的协同运作。国际物流涉及跨国运输和多环节操作，不同国家和地区之间物流系统的标准化程度直接影响供应链的整体效率。通过采用统一的技术标准，物流企业可以确保不同国家和地区的设备和系统无缝对接，减少因标准差异导致的操作瓶颈和协调困难，从而提升全球供应链的运作效率。采用国际标准化组织（ISO）制定的物流自动化标准，物流企业能够在全球范围内实现统一的设备操作和管理流程，确保各环节的高效协同。

国际标准化使得跨国物流企业能够采用一致的技术和操作流程，优化供应链各环节的效率和成本。标准化的自动化设备和系统能够在不同国家和地区的物流中心快速部署和运行，减少了本地化改造和适配的时间和成本。标准化的操作流程和数据接口确保了跨国运输和物流环节的顺畅衔接，提高了物流作业的可靠性和效率。标准化的自动化仓储系统（AS/RS）和自动导引车（AGV）可以在全球各地的物流中心统一使用，使得物流企业能够高效地管理和调度全球范围内的货物运输和仓储，优化整体供应链的运作。

国际快递巨头DHL通过采用ISO标准的自动化设备和系统，实现了全球范围内的高效协同和运营优化。DHL在全球多个物流中心部署了标准化的自动化仓储和分拣系统，通过统一的操作流程和技术规范，实现了跨国物流作业的无缝衔接。标准化设备的应用不仅提高了DHL各物流中心的操作效率，还降低了设备维护和运营成本。通过采用统一的技术标准，DHL能够更好地应对国际市场的需求变化，提供高质量的物流服务，增强了其在全球市场的竞争力。

通过统一的数据接口和通信协议，物流企业能够实现跨国物流数据的实时共享和协同分析，提高供应链的可视性和响应能力。标准化的数据格式和通信协议确保了各环节数据的准确传输和处理，减少了信息不对称和数据延迟。全球范围内的物流企业通过采用统一的物联网（IoT）标准，可以实时监控货物的状态和位置，优化运输路径和库存管理，提高供应链的整体效率和可靠性。

通过标准化，各国和地区的物流系统能够实现更高效的协同运作，推动全球供应链的优化。标准化不仅提高了物流系统的效率和可靠性，还降低了运营成本，增强了国际物流企业的竞争力。国际标准化组织（ISO）在物流自动化标准制定方面的工作，为全球物流行业的发展提供了重要的技术支持和规范指导。未来，随着标准化的进一步推进，全球供应链的协同运作将变得更加高效和可靠，并推动物流行业的持续发展和创新。

（五）推动技术创新和发展

标准化在推动技术创新和发展方面具有重要作用，通过明确的标准和规范，为企业提供了统一的研发和应用框架，减少了研发中的不确定性和重复性工作。企业在标准化的框架内进行技术研发，可以更好地确保新技术和设备的兼容性和互操作性，从而加快技术创新的进程。标准化的技术要求和操作规范为研发提供了明确的方向，使得企业能够集中资源和精力进行创新，而不必担心兼容性问题。在自动化仓储系统（AS/RS）和自动导引车（AGV）领域，标准化的技术规范使得这些设备能够在全球范围内无缝集成，推动了物流自动化技术的快速发展。

通过制定统一的标准，新技术能够更快速地进入市场并被广泛采用。标准化消除了不同国家和地区之间的技术壁垒，使得新技术在全球范围内的部署变得更加便捷和高效。机器人拣选系统和无人机配送等新兴技术，通过采用国际标准，确保了其在不同国家和地区的兼容性和可操作性。这不仅降低了企业在不同市场推广新技术的难度和成本，还加速了新技术的商业化进程和市场普及。

无人机配送作为一种新兴的物流技术，通过采用国际标准，确保了无人机在不同国家和地区的安全性和可操作性。标准化的通信协议和导航系统使得无人机能够在全球范围内实现统一操作和管理，推动了无人机配送技术的快速部署和应用。亚马逊的 Prime Air 计划通过采用标准化的无人机技术，实现了 30 分钟内送货上门的目标，显著提升了配送效率和客户满意度。这不仅为物流行业带来了新的发展机遇，也推动了整个行业向智能化和自动化方向的转型。

通过统一的标准，企业和研究机构能够更便捷地进行技术合作和知识共享，推动全球范围内的技术进步和创新。标准化的技术交流平台使得企业能够及时获取最新的技术信息和发展动态，避免重复研发和资源浪费。在自动化仓储和智能物流领域，通过国际标准组织（ISO）制定的标准，全球企业能够共享技术成果和最佳实践经验，促进了技术的协同创新和集成应用。

通过明确的标准和规范，为企业提供了统一的研发和应用框架，加速了技术创新进程。标准化还促进了新技术的推广和应用，使得新兴技术能够快速进入市场并被广泛采用。无人机配送技术的标准化应用就是一个典型例子，

第十章　全球视角：智能物流的国际合作与竞争

展示了标准化在推动物流技术创新和行业转型中的重要作用。未来，随着标准化的进一步推进，物流行业将迎来更多的技术创新和发展机遇，为全球供应链的优化和高效运作提供了坚实的技术支持。

三、国际标准的制定与推广

（一）国际标准的制定与推广是确保全球物流自动化系统无缝对接和高效运作的关键

ISO 等国际标准组织在这一过程中扮演了核心角色，通过召集专家委员会、举办国际会议和研讨会，制定了广泛认可的物流自动化标准。这些标准涵盖了技术规范、操作规程、安全要求和性能评估等方面，确保了全球物流系统的兼容性和协同效率。ISO 3691 系列标准详细规范了工业车辆的安全要求和操作规程，保证了自动导引车（AGV）和其他工业车辆在不同国家和地区的安全使用。ISO 21247 标准则涵盖了仓储管理系统的设计和操作要求，确保仓储自动化设备的高效和可靠运作。

（二）全球范围内的标准化需要各国和地区的紧密合作与协调

不同国家在物流自动化标准的制定上有各自的法律法规和技术规范，这导致标准的重复和冲突。比如，欧盟和美国在无人机配送和自动驾驶货车的法律法规方面存在显著差异，限制了这些技术的全球应用。通过加强国际合作，各国可以共同制定统一的标准和规范，减少技术障碍和法律风险。统一的标准不仅有助于技术的推广和应用，还能促进全球物流系统的整体优化，提升供应链的效率和可靠性。

（三）国际标准的制定过程通常涉及广泛的利益相关者

这些利益相关者包括政府部门、行业协会、企业和学术机构等。各方通过参与标准制定，能够在技术细节和操作规程上达成共识，确保标准的实用性和可操作性。在无人机配送标准的制定中，航空管理部门、无人机制造商、物流公司和技术专家共同参与，制定既符合安全要求又具有操作性和经济性的标准。此外，国际标准的推广还需要各国和地区在法律和政策层面的支持。政府通过立法和政策引导，鼓励企业采用国际标准，推动技术的普及和应用。

（四）国际合作和标准化不仅能够推动技术创新，还能增强企业的国际竞争力

通过采用国际标准，企业能够确保其产品和服务在全球市场的兼容性和一致性，减少进入新市场的技术障碍和法律风险。全球物流巨头 DHL 通过采用 ISO 标准的自动化设备和系统，实现了全球范围内的高效协同和运营优化。标准化设备和系统在不同物流中心之间的无缝对接，使得 DHL 能够快速响应市场需求，提升物流效率和服务质量。

（五）标准化的制定和推广是实现全球物流自动化的重要基础

通过国际标准组织的努力，各国和地区可以制定统一的技术规范和操作规程，确保物流系统的兼容性和高效运作。国际合作和协调在这一过程中尤为重要，有助于消除技术障碍和法律风险，推动自动化技术的全球应用和普及。政府、企业和行业组织的共同参与和支持，将进一步推动全球供应链的优化和提升，为全球物流行业的发展提供坚实的基础。

国际合作与标准制定是推动全球供应链自动化发展的关键因素。通过跨国合作、标准化推广、政策支持、技术交流和数据安全保护，各国和地区可以实现物流自动化技术的互联互通和兼容性，提高全球供应链的整体效率和可靠性。未来，随着国际合作的深入和标准化工作的推进，全球供应链自动化将迎来更加广阔的发展前景，为全球经济的高效运作和可持续发展提供强有力的支持。

参考文献

[1] 魏进，闫春雨，闫雪原. 机器学习在智能物流研究中的应用进展与展望[J]. 物流科技，2024，47（1）：70-72+77.

[2] 陈州. 基于RFID的自动化立体仓库管理系统的设计与实现[D]. 杭州：浙江工业大学，2018.

[3] 吴吉明. 基于多传感器信息融合的物流机器人导航定位技术研究[J]. 安阳师范学院学报，2019，（5）：46-49.

[4] 高明. 人工智能在物流行业的应用与发展探讨[J]. 全国流通经济，2023，（17）：30-33.

[5] 史锦伟，李相林. 无人驾驶技术在降低物流成本中的应用前景分析[J]. 中国商论，2018，（12）：7-8.

[6] 杨萌. 移动机器人的应用现状及发展趋势分析[J]. 玩具世界，2023，（5）：9-11.

[7] 张宁恩，侯振，万莹. 智能仓储物流管理系统分析[J]. 信息系统工程，2023，（7）：24-27.

[8] 姜艳华. 自动化仓库系统建设实施与应用[J]. 中国新技术新产品，2020，（12）：15-16.

[9] 曾锐，朱梦婷. 新时代下智能物流发展现状及对策——以京东智能物流为例[J]. 海峡科技与产业，2022，35（3）：46-49.

[10] 郑玉飞. 物联网背景下智能物流的发展分析[J]. 中国储运，2022，（8）：108-109.

[11] 赵地. 某药品仓库智能物流系统优化与仿真研究[D]. 沈阳：沈阳工业大学，2019.

[12] 袁峰威. 基于"互联网+"的智能物流与电子商务融合发展策略[J]. 商展经济，2024，（1）：67-70.

[13] 荀燕琴. 基于群体智能优化的AGV路径规划算法研究[D]. 长春：吉林大学，2017.

[14] 刘晓彬.电商普及时代"互联网+"智能物流体系的构建策略[J].中国市场,2021,(18):155-156.

[15] 王兰敬.基于物联网的我国区域智慧物流配送能力评价[J].商业经济研究,2020,(16):122-124.

[16] 郭荣佐,冯朝胜,秦志光.物联网智能物流系统容错服务组合建模与分析[J].计算机应用,2019,39(2):589-597.

[17] 梁璐莉,吕文红,葛家丽,等.无人机物流发展综述[J].物流技术,2018,37(12):41-45.

[18] 曹晓婷.数智化背景下电商物流发展对策研究[J].商展经济,2024,(7):30-33.

[19] 朱伟娟.场景物流无人驾驶如何走向规模化落地斯年智驾"面向场景物流的L4级无人驾驶混行解决方案"[J].信息化建设,2023,(10):30-31.

[20] 刘政洋,孙奉阳,李霖泰.国内物流仓储机械智能化状况及发展探索[J].模具制造,2024,24(3):173-175.

后记

《智能物流：机器人技术的未来》一书旨在为读者提供一个全面而深入的视角，了解智能物流领域的最新发展和未来趋势。在撰写本书的过程中，我们始终关注如何将复杂的技术概念、实际应用案例和未来预测，融合成一幅完整而清晰的智能物流全景图。

回顾过去十年，智能物流已经从一个前沿概念变成了推动物流行业革命的重要力量。机器人技术的迅猛发展，特别是在导航定位、机器视觉和人工智能方面的突破，使得自动化和智能化的物流系统成为现实。无论是亚马逊的自动化仓库、阿里巴巴的智能配送网络，还是 FedEx 与 UPS 的技术创新，这些企业的成功案例展示了智能物流的巨大潜力和广阔前景。

本书不仅介绍了智能物流的技术基础和应用领域，还深入探讨了机器人与人类协同工作的未来模式。我们看到，协作机器人（Cobots）已经开始在各类生产和物流场景中与人类并肩工作，通过提升效率、保证安全和改善工作条件，逐步改变传统的工作方式和组织结构。人机协作不仅是技术上的进步，还是工作场所文化和管理模式的一次重大转变。

智能物流的发展也面临诸多挑战。技术上的难题、安全和伦理问题、法规和标准的制定，都是需要我们认真思考和积极应对的课题。在本书中，我们试图提供一些解决方案和研究方向，希望能为行业的发展提供一些建设性的意见和参考。

展望未来，智能物流的发展将更加迅猛。新一代的物流机器人、持续性的环境影响考量以及全球视角下的国际合作与竞争，将共同决定智能物流在未来全球市场中的地位和影响力。通过对未来技术发展方向的预测和分析，我们希望能帮助读者提前洞见即将到来的变革，为此做好应对准备。

本书的完成离不开许多人的支持和帮助。感谢所有为本书提供宝贵意见和建议的专家、学者和业内人士。感谢我们的编辑团队，他们的专业精神和辛勤工作，使本书得以顺利出版。最后，感谢所有读者，希望本书能为你们

智能物流：机器人技术的未来

提供有价值的知识和启发，成为你们了解和探索智能物流与机器人技术的重要参考资料。

智能物流的未来充满了无限可能，让我们共同迎接这一变革，为实现更加高效、智能和可持续的物流体系而努力。